세 개의 굴

꾀가 많은 토끼처럼 살자

꾀가 많은 토끼처럼 살자

TUNNELS

세 개의 굴

김해원 지음

꾀가 많은 토끼는
세 개의 굴에서 산다

위기의
굴

★★★★★

준비의
굴

★★★★★

기회의
굴

★★★★★

바른북스

독자님은 현재
어떤 굴에서 살고 있는지요?

　살다 보면 어렵고 힘든 위기의 순간이 오기 마련입니다. 위기 없는 무결점 인생을 살면 얼마나 좋을까요? 하지만 위기는 우연과 필연을 가리지 않고 찾아옵니다. 그중 가장 큰 위기는 불의의 사고사입니다. 그런데 뜻하지 않게 찾아오는 그러한 변고의 위기도 크고 작은 위기들이 모여서 발생합니다. 즉 크고 작은 위기가 모여서 불의의 사고라는 위기가 찾아오는 것이지요. 그렇다면 어떻게 해야 위기를 줄일 수 있을까요? 또 어떻게 해야 필연적으로 찾아오는 위기의 크기를 줄일 수 있을까요? 이 책에는 위기가 발생되는 원인은 무엇이고, 위기가 발생되지 않도록 하기 위해서는 어떻게 해야 하며, 위기가 발생되었을 때 이를 지혜롭게 극복하기 위해서는 어떻게 해야 하는지에 대한 내용이 담겨 있습니다. 이 책의 구성은 위기의 굴, 준비의 굴, 기회의 굴 등 세 개의 굴로 구성되어 있습니다. 꾀가 많은 토끼가 세 개의 굴에서 살듯이 우리의 모든 삶은 위기와 준비 그리고 기회로 점철된 삶입니다. 주어진 상황에 따라 어떤 굴에서 오랜 기간 사는지가 서로 다를 뿐 누구나 한 개 혹은 두 개나 세 개의 굴에서 살고 있습니다. 어렵고 힘든 상황에서 고통을 감내하며 위기의 굴에서 사는 사람, 더 나은 내일을 위해 최선의 노력을 다하며 준비의 굴에서 사는 사람, 진화와 도약을 거듭하며 기회의 굴에서 사는 사람이 있습니다. 지금 이 순간 독자님은 어떤 굴에서 살고 있는지요? 또 어떤 굴에서 어떤 굴로 이동 중에 있는지요? 이 책은 현재 위기의 굴에서 나오려고 애쓰는 사람, 기회를 잡기 위해 끊임없이 노력하며 준비의 굴에서 사는 사람, 기회의 굴에서 더 나은 기회를 찾기 위해 애

쓰는 사람이 읽으면 좋은 책입니다. 모쪼록 이 책에서 얻은 삶의 지혜로 인생을 보다 의미 있고 행복하게 디자인하기를 기원합니다. 끝으로 이 책이 온전히 빛을 발할 수 있도록 음양으로 많은 도움을 준 도서출판 바른북스 임직원들과 위기의 순간마다 헌신적인 내조로 늘 든든한 버팀목이 되어주는 아내에게 감사를 표합니다.

매화 향기 그윽한 햇빛촌 광양에서
김해원 올림

목차

THREE === TUNNELS

| 프롤로그 | 독자님은 현재 어떤 굴에서 살고 있는지요?

| 1장 |

위기의 굴

1. 위기의 일촌, 방심   14

2. 위기는 생물   26

3. 선 밖은 위기의 소굴   32

4. 맹신은 위기의 덫   42

5. 위기 놓으면 위기   47

6. 드러내면 위기   55

7. 위기 청소기, 변화   63

8. 위기의 메신저, 서두름   71

9. 다툼 자체가 위기   80

10. 잘나가도 위기   89

| 2장 |

준비의 굴

1. 준비의 주춧돌, 성찰   100

2. 준비의 초석, 기준과 원칙   112

3. 변신은 준비의 흑기사   121

4. 생각은 준비의 묘목   127

5. 준비의 요람, 근거지   135

6. 예방은 준비의 갑옷   141

7. 준비의 수련장, 은둔   147

8. 준비의 금맥, 학습   158

9. 준비의 허들, 고비   165

10. 준비의 보약, 인내   174

| 3장 |

기회의 굴

1. 기회를 부르는 기회   182

2. 안정 속에 싹트는 기회   188

3. 기꺼이 행하면 기회   195

4. 유연하게 행하면 기회   201

5. 시간을 먹고 사는 기회   209

6. 위기를 피하면 기회   214

7. 역경이 만드는 기회   219

8. 쪼개면 나타나는 기회   223

9. 봐야만 알 수 있는 기회   228

10. 위기맨 피하면 기회   232

| 에필로그 | 위기 속에 기회가 있다

참고도서

THREE

TUNNELS

1장

위기의
굴

위기의 일촌,
방심

THREE ⟶ TUNNELS

가만히 있는데 저절로 이루어지는 것은 아무것도 없습니다. 아무것도 하지 않고 무슨 일이 이루어지기를 바라는 것은 감나무 아래 누워 감이 떨어지기를 바라는 것과 같습니다. 엄밀하게 말하면 감나무 아래 누워 감이 떨어지기를 바라는 것은 그래도 감이 떨어지기를 기다리는 인내심을 발휘한 경우라고 볼 수 있습니다. 하지만 아무것도 하지 않고 자기가 원하는 것을 얻으려고 하는 것은 손 안 대고 코를 푸는 것과 같습니다. 그러므로 자기가 원하는 것을 얻고자 한다면 무엇이든지 해야 합니다. 특히 위기에 처해서 고통을 겪지 않기 위해서는 적극적으로 위기가 오지 않도록 방어해야 하고, 때로는 선제 타격 차원에서 위기의 원인을 박멸하기 위해 적극적으로 공세를 가해야 합니다. 그렇지 않고 주어진 환경에 순응한다는 생각으로 사는 것은 자기 스스로 자신의 삶에 위기를 자처하는 것과 같습니다. 콩 심는 데 콩 나고 팥 심는 데 팥이 나며, 효도하는 부모 슬하에서 자란 자녀가 효도하고 불효하는 부모 밑에서 자란 자녀가 불효하는 것이 지극히 보편적인 진리입니다. 또 주면 준 만큼 받고, 노력하면 노력한 만큼 이뤄지며, 죄지으면 벌을 받고 선을 행하면 복을 얻는 것이 삶의 순리입니다. 간혹 죄를 짓고도 벌을 받지 않는 사람도 있지만, 인과응보라는 것을 생각하면 당장은 벌을 피할 수는 있어도 반드시 그 후손에 이르러 벌을 받을 것입니다. 그러므로 삶을 장난처럼 함부로 살지 말아야 합니다. 어차피 한번 사는 인생이니 굵고 짧게 살아야 한다는 생각으로 무계획적으로 산다거나 빈손으로 왔다가 빈손으로 가는 것이 인생이라는 생각으로 무성의하게 사는 것은 바람직하지 않습니다. 또 혼자 왔다가 혼자서 가는 것이 인생이라고 하면서 주변 사람들은 아랑곳하지 않고 자기만을 생각하는 삶 또한 가치 있는 삶이 아닙니다. 그렇다면 어떤 삶이 의미 있고 가치 있는 삶일까요. 이에 대한 해답은 사람마다 각기 다를 것입니다. 왜냐하면 사람마다 각각 추구하는 삶의 의미와 가치가 다르기 때문입니다. 가장 보편적인 대답은 행복을 추구하는 것이라고 할 수 있지만 모든 사람들에게 공통적으로 해당되는 행복한 상태를 특정할 수 없다는 점에서 그 역시도 완벽한 정답은 아닙니다. 어쩌면 노자가 『도덕경』에서 말했듯이 주어진 상황과 환경에 따라 수시처변(隨時處變)의 처세로 사는 것이 가장 모범적인 삶이고, 손자가 『손자병법』에서 말했듯이 병형상수(兵形象水)의 처세를 보이는 것이 가장 현명한 삶일지 모릅니다. 즉 어느 한쪽을 고집하지 않고 상황에 따라 유연하고 탄력적으로 사는 삶이 현명한 삶이라는 생각이 듭니다. 이에 더하여 열정이 곁들여진다면 금상첨화입니다. 즉 임기응변의 태도로 주어진 상황에 따라 적응하며 사는 것이 아니라, 사전에 상황을 예측해서 그 상황에 맞게 열정을 다하는 삶이 의미 있고 가치 있는 삶입니다. 자기 인생에는 자기만의 인생이 아니라 자기와 직간접적으로 관여된 모든 사람들의 인생이 농축되어 있습니다. 그러므로 1분 1초도 허투루 보내지 말아야 하겠습니다. 그러면 위기가 오는 것을 줄일 수 있을 것입니다. 아울러, 작은 위기라고 해서 우습게 생각하면 안 됩니다. 제아무리 작은 위기라도 발생 초기에 이를 제거해야 합니다. 화재 진압도 초기에 해야 하듯이 위기가 발생되면 즉시 이를 제거해야 합니다. 그렇지 않고 방치해두면 훗날 더 큰 위기 상황에 처하게 됩니다. 특히 자신감이 넘쳐서 소소한 일쯤은 우습게 보는 경향이 있는 사람일수록 작은 것에 의해서 큰 타격을 입을 수 있다는 것을 유념해야 합니다. 이는 산에 오를 때 큰 바위에 걸려서 넘어지는 것이 아니라 작은 돌멩이에 걸려서 넘어지는 것과 같습니다. 또 작은 병을 방치하면 훗날 큰 병이 되는 것과 같습니다. 위기의 팔 할 이상은 대부분 일의 시작과 마지막 부분에서 발생되는 경우가 많습니다. 처음과 끝은 변화의 시작이자 끝이며, 모든 일의 종착지

이자 새로운 출발지입니다. 그러므로 처음과 끝이 있는 곳에서는 평소보다 더 조심하고 긴장해야 합니다. 그래야 위기를 최대한 줄일 수 있습니다. 처음에는 너무 긴장한 나머지 자기가 평소 가지고 있는 실력을 발휘하지 못해서 위기가 생기는 경우도 있습니다. 또 몸이 덜 풀려서 혹은 상황을 오판해서 위기가 생기는 경우도 있습니다. 그래서 처음에 어느 정도 긴장을 늦추고 정상적인 컨디션을 유지하기 위해 스포츠 선수들은 시합 전에 워밍업을 합니다. 반대로 마지막 시점에서는 심신이 지쳐서 정상적인 실력을 발휘하지 못하는 경우가 생깁니다. 그래서 진짜 프로는 처음과 끝의 체력을 균등하게 안배합니다. 처음부터 힘을 많이 쓰면 중요한 순간에 힘을 쓸 수 없기 때문에 적정하게 힘을 안배하는 것이지요. 간혹 컨디션이 너무 좋아서 위기가 발생되는 경우도 있습니다. 그것은 컨디션이 너무 좋아서 오버액션을 하거나 자기가 처리할 수 있는 용량의 한계를 넘어서서 생기는 경우라고 할 수 있습니다. 그러므로 컨디션이 너무 좋고 주변 상황이 자기에게 유리하게 조성되어 있어도 경거망동하지 말고 자신의 컨디션 수위를 조절하며 평상심을 유지해야 합니다. 노자가 『도덕경』에서 있음이 쓸모가 있는 것은 없음에서 생기고 없음이 쓸모가 있는 것은 있음에서 생긴다고 말을 했듯이 긴장하거나 하지 않는 것은 어떤 경우든 위기를 가져오기 마련입니다. 그러므로 있음도 없음도 아닌 경계에 머물러야 합니다. 그러한 삶이 위기를 줄일 수 있는 최선의 방책입니다. 따지고 보면 시작도 없고 끝도 없습니다. 또 시작이 끝일 수 있고 끝이 시작일 수 있습니다. 시작과 끝의 경계가 모호하죠. 그렇게 볼 때 위기는 시작과 끝이 아닌 모든 경우에 발생될 수 있습니다. 처음에 잘못했다고 해서 위기가 발생되는 것도 아니고, 마지막에 잘했다고 해서 위기가 발생되지 않는 것도 아닙니다. 위기는 언제 어디서든 발생합니다. 그렇습니다. 위기의 정도 차이가 있을 뿐 위기는 늘 우리네 삶에 상존해 있습니다. 그러므로 평상시 위기가 고개를 들지 못하도록 위기의 머리를 가끔씩 두들겨 주어야 하고, 위기의 싹이 자라지 못하도록 환경을 만드는 것이 무엇보다 중요합니다. 특히 앞서 말했듯이 처음과 끝의 시점에서는 특별히 주의해야 합니다. 왜냐하면 대부분의 위기는 주로 처음과 끝의 시점에서 발생하기 때문입니다. 위기는 방심을 먹고 자라지만 조심 속에서 성장하지 못하는 속성이 있습니다. 또 무관심 속에서 성장하고 관심 속에서 쇠퇴하는 속성이 있습니다. 그러므로 위기가 발생되지 않도록 하기 위해서는 적정하게 긴장하고 방심하지 않으며 자기 삶에 관한 모든 것에 관심을 기울여야 합니다. 그렇다면 위기가 발생되는 것을 줄이기 위해서는 어떻게 해야 할까요? 노자는 『도덕경』에서 난제를 처리하려면 쉬운 곳부터 손을 대고, 큰일을 해결하려면 작은 일부터 시작해야 한다고 했습니다. 그러면서 성인은 쉬운 일을 어려운 일처럼 대하기에 쉽사리 어려운 일을 만나지 않는다고 말합니다. 위의 노자의 말은 극히 평이한 말입니다. 하지만 세 살 먹은 아이가 아는 것을 팔십 먹은 노인도 행하기 어려운 일이 바로 지극히 평범하고 평이한 일입니다. 굳이 노자의 『도덕경』에 있는 글귀를 생각하지 않아도 큰일을 하기 위해서는 작은 일부터 잘해야 합니다. 천 리 길도 한 걸음부터라는 말이 있듯이 모든 것은 작은 것에서 출발합니다. 『중용』 23장에 "작은 일도 무시하지 않고 최선을 다해야 한다. 작은 일에도 최선을 다하면 정성스럽게 된다. 정성스럽게 되면 겉으로 드러나고, 겉으로 드러나면 이내 밝아진다. 밝아지면 남을 감동시키고, 남을 감동시키면 변하게 되며 변하면 생육 된다. 그러니 오직 세상에서 지극히 정성을 다하는 사람만이 나와 세상을 변하게 할 수 있는 것이다"라는 말이 있습니다. 사소한 습관 하나가 자신의 운명까지도 결정한다는 말처럼 지극히 작은 일에 정성을 다하면 자기는 물론 세상도 변하게 됩니다. 대부분의 위기 역시 극히 미미하고 사소한 것에서 발생하는 경우가 많습니다. 그렇습니다. 위기를 줄이기 위해서는 작은 것을 작다고 무시하지 말고 최선을 다해야 합니다. 작은 것과 기본적인 것에 정성을 다하는 것이 바로 위기를 줄이는 길입니다. 방심하면 위기가 옵니다. 겉으로 보기에는 대부분의 많은 사람들이 별로 신경 쓰지 않고 순탄하게 인생을 사는 것처럼 보입니다. 하지만 그들의 내면을 들여다보면 한 치의 빈틈이 생기지 않도록 전방위적으로 신경을 쓰고 있다는 것을 금세 발견할 수 있습니다. 그렇습니다. 위기가 생기는 것을 미연에 방지하기 위해서는 다른 사람들에게 생기는 위기가 자신에게도 생길 수 있다는 생각을 가져야 합니다. 그래서 타인의 위기를 타산지석(他山之石)과 반면교사(反面敎師)의 교훈으로 삼아 자신에게 위기가 발생되는 것을 방지해야 합니다. 또 한순간 방심하면 그로 인해 얼마든지 위기가 생길 수 있다는 것을 인지하고 설마 하는 생각에서 벗어나 모든 일을 신중하게 살펴야 합니다. 위기가 발생하는 것을 막을 수 있는 최선의 방법은 예방입니다. 그렇습니다. 위기가 발생되는 것을 예방하는 가장 쉬운 방법은 위기가 생길 수 있는 일이나 환경에서 벗어나는 것입니다. 안전사고를 줄일 수 있는 가장 좋은 방법은 사고가 일어날 수 있는 일을 하지 않는 것이고, 위험할 것 같은 일을 하지 않는 것입니다. 마찬가지로 위기가 발생되는 것을 가능한 한 줄이기 위해서는 위기가 발생될 확률이 있는 일을 하지 않는 것입니다. 일례로 교통사고를 줄이는 가장 단순한 방법은 운전을 하지 않는 것입니다. 운전을 하지 않으면 운전으로 인해 사고가 발생될 우려가 없습니다. 다소 억측 같은 방법이지만 위기를 줄이는 가장 좋은 방법은 위기를 피하는 것입니다. 그럼에도 불구하고 위험하지만 생계를 위해서 일을 해야만 하는 경우 등 부득이한 경우에는 평소보다 작업 속도를 줄이거나 시간을 늘려서 조심스럽게 해야 합니다. 요즘 기업체에서는 안전사고를 미연에 예방하기 위해서 위험 구역의 출입문에 자물쇠를 채워서 출입을 제한하고 있습니다. 생선 싼 종이에서는 생선 냄새가 풍길 수밖에 없습니다. 마찬가지로 위기가 상존하는 곳에서 일을 하면 자기가 아무리 조심한다고 해도 위기에 말려들 수밖에 없습니다. 신이 아닌 이상 인간에게는 크고 작은 위기가 예상하지 못한 순간에 찾아오기 마련입니다. 그렇습니다. 위기는 때와 장소를 가리지 않으며 누구에게나 발생됩니다. 그런 위기의 속성을 안다면 위기가 발생될 여지가 있는 곳에서 오래 머무는 것은 자기 스스로 위기를 자처하는 것과 같습니다. 그러므로 조금이라도 위기의 징후가 보인다면 즉시 그곳에서 벗어나야 하고 위기의식이 없는 사람과의 접촉을 피하는 것이 상책입니다. 왜냐하면 위기는 위기를 부르는 사람에게서 오는 경우가 많기 때문입니다. 그러므로 사람을 사귀어도 위기관리를 잘하는 사람을 사귀어야 하고 동업을 하더라도 위기관리를 잘하는 사람과 해야 합니다. 친구 따라 강남 간다는 말이 있듯이 위기관리를 잘하는 사람 곁에 있으면 자신도 위기에서 멀어지게 됩니다. 안전사고가 발생하는 곳에서 또다시 안전사고가 발생될 확률이 높습니다. 그래서 기업체에서는 안전사고가 발생하면 그와 유사한 곳에서 유사한 사고가 발생되는 것을 미연에 방지하기 위해 수평전개활동을 강화하고 있습니다. 그렇게 해서 안전사고가 완전히 사라지는 것은 아니지만 최소한 종전과 같이 유사한 사고가 발생되는 것은 줄일 수 있습니다. 수영을 좋아하는 사람은 물에서 죽고, 등산을 좋아하는 사람은 산에서 죽는다고 합니다. 어느 한 분야에 몰입하여 시간 가는 줄 모르고 즐길 수 있는 일이 있다는 것은 삶에 커다란 즐거움과 행복을 가져다 줍니다. 하지만 위기를 줄이기 위해서는 자신이 가장 좋아하는 일과 자주 다루는 기계나 장치, 도구 등을 수시로 점검하고 진단해야 합니다. 또 그런 일을 하거나 그런 도구나 장치를 다룰 때에는 더욱 신중해야 합니다. 원숭이도 나무에서 떨어질 수 있습니다. 산업체 안전사고가 미숙련자에게서 발생되기보다는 고숙련자에서 나오는 것처럼 자기 스스로 고수준에 달하는 능력을 지녔다고 생각하는 사람일수록 방심으로 인해 사고가 발생될 확률이 높습니다. 적은 바로 자기와 가장 가까운 곳에 있습니다. 마찬가지로 자기가 가장 빈번하게 하는 일과 가장 능숙하게 다루는 기계나 장치로 인해 위기에 처할 확률이 높습니다. 그러므로 늘 초심을 돌아보면서 신종(愼終)의 마음으로 임해야 합니다. 행복한 사람들이 그냥 행복한 삶을 누리는 것이 아니고, 장수하는 사람들이 아무런 행동을 하지 않았는데 저절로 장수하는 것이 아닙니다. 행복한 삶을 사는 사람들은 어떻게 하면 행복하게 살 수 있을까를 고민하고 궁리해서 실천했기 때문에 행복한 삶을 사는 것입니다. 또 어떻게 해야 불행한 삶을 살지 않을까를 늘 고민하면서 불행한 상황에 처하지 않기 위해 늘 신중하게 생활했기 때문에 행복한 삶을 사는 것입니다. 가만히 있는데 행복한 삶이 하늘에서 뚝 떨어진 것이 아니란 말이죠. 물론 장수하는 것은 유전적인 영향도 있습니다. 하지만 생활 습관이 장수에 미치는 영향이 제일 큽니다. 장수하는 사람들은 공통적으로 생활이 규칙적이고 정서적으로 안정된 생활을 합니다. 그렇습니다. 장수하는 사람들은 평소에 건강관리를 잘했기 때문에 장수하는 것입니다. 고통 없이 이뤄지는 것은 아무것도 없고 열정 없이 이뤄지는 것은 아무것도 없습니다. 쾌락을 느끼기 위해서는 고통이 수반되어야 하고 목표를 달성하기 위해서는 열정이 수반되어야 합니다. 아무런 노력도 하지 않고 인생을 살고 있다면 필연적으로 위기를 맞을 수밖에 없습니다. 인생길 곳곳이 지뢰밭입니다. 백번 잘해도 단 한 번 잘못하면 목숨을 잃을 수도 있는 것이 우리네 인생입니다. 돈이 많고 지위가 높아도 어느 찰나의 순간에 위기에 처해서 평생 동안 이뤄놓은 것을 한순간에 잃어버릴 수 있는 것이 우리네 인생입니다. 그러므로 늘 조심해야 하고 초심을 잃지 않고 매사 신중하게 접근해야 합니다. 또 평소에 규칙적인 생활을 해야 하고, 자신의 인생에 지뢰가 없는지를 살피면서 늘 조심스럽게 생활해야 합니다. 위기의 관점에서 볼 때 세상은 위기가 있는 삶과 위기가 없는 삶, 위기를 발생시키는 삶과 위기를 제거하는 삶 등 모든 삶이 위기와 관련이 있습니다. 그러므로 안정된 삶을 유지하기 위해서는 위기를 없애거나 위기가 발생되지 않게 하는 삶을 살아야 합니다. 대부분의 사람들이 평범하고 일상적으로 아무 일도 없는 삶은 싱겁다고 말을 합니다. 하지만 엄밀하게 말하면 싱거운 삶이나 아무 일도 일어나지 않는 삶이 진정으로 행복한 삶입니다. 다소 무미건조하다고 생각할 수 있지만 위기의 상황에 닥치면 알게 됩니다. 아무 일도 일어나지 않는 삶이 얼마나 행복한 삶이라는 것을 말이죠. 그러므로 행복한 삶을 살기 위해서는 억지로 행복한 일을 만들려고 애쓰지 말아야 합니다. 그냥 자신에게 닥친 현실을 묵묵히 받아들이고 자신에게 주어진 일을 성실히 행하면 됩니다. 아울러, 세상이 온통 위기로 가득하다고 해서 너무 긴장할 필요는 없습니다. 위기가 올 것이라는 것, 자칫 잘못하면 위기의 상황에 빠지게 된다는 점을 인식하고 위기가 발생되는 것을 미연에 방지하기 위해 노력하면 됩니다. 마치 전쟁터에서 지뢰를 밟지 않기 위해 지뢰를 탐색하면서 이동하는 것처럼 인생을 신중하게 살아야 합니다. 그렇습니다. 위기를 줄이기 위해서는 매사 조심하는 수밖에 없습니다. 조심조심한다는 것은 초심을 생각하면서 매사 신중하게 처신하는 것을 의미합니다. 아무도 보고 있지 않다고 방심하거나 자기 마음대로 행하는 것은 위기를 불러일으킬 소지가 많습니다. 왜냐하면 아무도 보지 않는 순간이 바로 위기가 득세하는 순간이기 때문입니다. 그러므로 늘 언제 어디서든 위기가 어디에 있는지를 살펴야 하고, 지뢰를 피하듯이 위기를 피해 인생의 꽃길을 만들어가야 합니다. 사노라면 이제껏 아무런 문제가 되지 않았던 일들이 갑자기 사회적인 이슈가 되어 큰 문제로 부각되는 경우가 생기기도 합니다. 또 객관적으로 볼 때 비정상적인 행동이나 일들이 마치 정상적인 일이나 행동으로 둔갑하는 경우도 있습니다. 중요한 점은 불특정 다수의 많은 사람들이 문제가 있고 그로 인해 자칫하면 위기가 발생될 것이라는 것을 알면서도 그렇게 하는 것이 지극히 정상적이라고 생각한다는 것이지요. 물론 그것은 무의식적이고 습관적으로 하는 행동이라고 볼 수 있습니다. 하지만 위기가 발생되는 것을 미연에 방지하기 위해서는 자신의 생활 속에 비윤리적이며 비도덕적인 일을 습관적이고 관례대로 하는 일은 없는가를 따져봐야 합니다. 아울러 오랜 기간 구전되어 내려오는 정상적인 일이라도 현실적인 여건을 감안하여 새롭게 개선해야 합니다. 그것이 현재 위기가 발생되는 것을 예방하는 길이고 앞으로 나아가 미래에 위기가 발생되지 않게 하는 길입니다.

위기는
생물

THREE ⟹ TUNNELS

위기가 발생되는 것을 줄이기 위해서는 말과 행동을 하기 전에 늘 자기를 성찰하고 시뮬레이션을 하는 습관을 들이는 것이 좋습니다. 무슨 일을 한다는 것은 자신의 말과 행동이 관여되는 것이라고 볼 수 있습니다. 그러므로 무슨 일을 하기 전에 미리 자기가 어떻게 말을 해야 하고 행동해야 하는지를 먼저 생각하고 실행에 옮긴다면 위기가 발생되는 것을 어느 정도 줄일 수 있습니다. 사실 위기는 말을 잘 못하는 경우나 행동의 실수로 인해 발생되는 경우가 태반입니다. 가장 좋은 방법은 말과 행동을 하지 않고 자기 혼자서 지내는 것이 좋은데, 현실은 그러지 못하는 것이 우리네 인생입니다. 더불어 함께 성장하고 진화해야 하는 우리네 인생은 어떤 경우든 다른 사람들과 영향을 주고받습니다. 또 인간은 사회적 동물이기에 필연적으로 다른 사람들과 어울려서 살아야 합니다. 단순히 혼자서만 생활을 할 수는 없습니다. 그래서 남과 더불어 함께하는 세상에서 위기를 줄이기 위해서는 필연적으로 타인에게 영향을 줄 수 있는 말과 행동을 항상 조심해야 합니다. 그러기 위해서는 자신의 말과 행동이 상대방에게 어떤 영향을 주고 또 다른 일에 어떤 영향을 주는지를 생각해봐야 합니다. 그렇다면 상대방이 원하는 대로 행하면 위기를 줄일 수 있을까요? 그것도 아닙니다. 왜냐하면 위기는 단순히 자기만의 문제가 아니기 때문입니다. 자기가 아무리 잘해도 상대방의 잘못으로 인해 교통사고가 발생될 수 있듯이 위기 역시 상대방으로 인해 발생되는 경우가 있기 때문입니다. 그러므로 자기의 말과 행동을 상대방에게 너무 획일적으로 맞추는 것도 올바른 처세는 아닙니다. 주어진 환경과 여건에 따라 자기가 할 수 있는 최선의 말과 행동을 하는 것이 가장 적정합니다. 또 하루가 시작되기 전에 하루를 미리 상상하고 사람들을 만나면 자기가 어떻게 처신할 것인가를 미리 머릿속으로 그려보는 것이 위기를 줄일 수 있는 최선의 방법입니다. 또 자신이 처해 있는 상황에서 자신이 할 수 있는 최선의 말과 행동이 무엇인지를 미리 생각해서 전략적으로 행한다면 위기를 줄일 수 있을 것입니다. 주로 말실수를 하는 원인은 이성적으로 말하지 않고 감정적으로 반응하는 것에 있습니다. 또 자기가 하고자 하는 본연의 말을 하지 않고 횡설

수설하는 과정에서 말실수를 하는 경우도 있습니다. 그러므로 말을 할 때는 자기가 하는 말이 주변 사람들에게 위기가 발생될 여지는 없는가를 살펴서 신중하게 해야 합니다. 또 어떠한 경우에도 감정적으로 대응하지 말고 이성적으로 생각해서 말을 하는 것이 좋습니다. 아울러 말로 인한 위기는 일파만파 퍼지는 확장성이 강하므로 실수를 했을 때에는 곧바로 자신의 실수를 인정하고 용서를 구하는 것이 위기를 최소화할 수 있는 비결입니다. 말을 잘한다는 것은 해야 할 말은 하고 하지 말아야 하는 말은 하지 않는 것입니다. 그러기에 자기가 말을 하지 말아야 하는 상황인지 아니면 말을 해야 하는 상황인지를 잘 판단해서 임하는 것이 좋습니다. 그렇습니다. 말로 인한 실수로 위기가 발생되는 것을 예방하기 위해서는 무엇보다 자기가 처해 있는 상황이 어떤 상황인지를 명확하게 파악할 수 있는 능력을 지녀야 합니다. 그러한 능력은 하루아침에 얻어지는 것이 아니라 주변 환경과 여건이 어떻게 변하는지를 계속 관찰하는 과정에서 얻어지는 것입니다. 즉 말을 잘하기 위해서는 주변 상황을 명확하게 파악할 수 있는 통찰력을 기르는 것이 선행되어야 합니다. 엄밀하게 말하면 자신의 몸에서 비롯되는 모든 것은 행동입니다. 즉 말도 행동의 범주에 속합니다. 그래서 언행일치라는 말에는 말과 행동을 일치해야 한다는 의미가 내포되어 있지만 보다 면밀하게 따져보면 말과 행동은 일체라는 말입니다. 흔히 말의 내용과 행동이 다르다고 말을 하는데, 말이 잘못되어서 행동을 잘못한 것인지 아니면 행동을 잘못해서 말을 잘못한 것인지를 따져봐야 합니다. 엄밀하게 말하면 말실수가 행동의 실수를 불러오는 경우보다는 행동의 실수가 말실수로 이어지는 경우가 많습니다. 말을 중시하는 사람은 행동이 잘못되어도 말이 옳으면 옳다고 볼 것이고, 행동을 중시하는 사람은 말이 아무리 나빠도 행동이 선하면 선한 사람으로 볼 것입니다. 말과 행동이 모두 일치해서 옳고 그름을 판단하는 데 전혀 거리낄 것이 없으면 좋으련만 대부분의 사람들은 행동이 말을 따라가지 못하는 경우가 많습니다. 그래서 말과 행동이 일치하는 사람을 우리는 신뢰 있는 사람이라고 말합니다. 신뢰가 있다는 것은 믿음이 있다는 것이고 믿음이 간다는 말에는 말과 행동이 일치한다는 의미가 내포되어 있습니다. 그렇다고 해서 말과 행동이 모든 경우에 일치해야 한다는 것은 아닙니다. 자기가 말을 하는 상황과 행동하는 상황이 다른 경우에는 말과 행동을 일치시키는 것이 그리 맞는 말이 아니라는 것이지요. 즉 말을 하는 상황에는 비가 오지 않아서 우산이 필요 없다고 했는데 막상 행동해야 하는 상황에서 비가 온다면 우산을 써야 할 수밖에 없습니다. 이에 더하여 위기가 발생되는 것을 최소화하기 위해서는 매일 아침 위기를 생각하는 시간을 갖는 것이 좋습니다. 즉 하루 일과의 시작을 위기를 생각하는 시간으로 정하는 것이 위기를 줄일 수 있는 좋은 방법입니다. 하루 일과를 시작할 때 어떤 위기가 발생될 여지가 있는지를 따져보고 만약의 경우 위기가 발생된다면 어떻게 할 것인지 혹은 위기가 발생되지 않게 하기 위해서는 사전에 어떻게 해야 하는지를 생각하는 시간을 갖는 것이 위기를 줄일 수 있는 가장 좋은 방법입니다. 어떻게 생각하면 호랑이도 제 말을 하면 오듯이 위기를 생각하면 위기가 올 것 같지만, 위기를 생각하는 것이 위기를 줄일 수 있는 최선의 방법입니다. 아울러 하루 일과를 계획할 때는 가장 우선적으로 위기를 꼼꼼히 따져봐야 합니다. 위기를 최우선순위에 두고 계획을 세우는 것이 위기를 줄일 수 있는 최선의 방법이죠. 이것은 기업체 현장에서 수리작업을 하기 전에 작업의 위험성을 사전에 평가하고 잠재 위험이 있는지의 여부를 따져보는 것과 같습니다. 산업현장에서 안전사고가 발생되는 것은 위기입니다. 마찬가지로 자신의 생활 속에서 위기가 발생되지 않도록 하는 것은 산업현장에서 안전사고가 발생되지 않도록 하는 것과 같습니다. 최근 들어 안전과 환경이 최대 이슈로 부각되고 있습니다. 지구 온난화로 인해 탄소배출 제로화를 꾀하고 있고, 인간의 존엄성에 기초한 안전 활동이 강도 높게 펼쳐지고 있습니다. 이제는 생산과 품질 우선이 아닌 안전 최우선 경영을 하지 않으면 기업의 존재 자체가 흔들리는 시대입니다. 산업화 시대에는 경영 이익을 최우선으로 했기에 안전과 환경이 다소 무시를 당했습니다. 그래서 많은 사람들이 안전 재해를 당하는 경우가 많았습니다. 하지만 이제는 시대적으로 안전이 제일 중시되는 시기가 됐습니다. 이에 더하여 이제는 일보다는 여가를 행복하게 보내려는 사람들이 늘고 있고, 기업체에서도 일 중심의 생활보다 일과 여가가 균형을 이루는 워라밸(Work-life balance)이 중요시되고 있습니다. 사실 대부분의 위기는 여유가 없는 데에서 오는 경우가 많습니다. 위기를 생각할 여유가 없다는 것은 위기가 생길 수 있다는 것을 인지하지 못하는 것과 같습니다. 위기를 인지하지 못하는데 어떻게 위기를 방지할 수 있으며, 위기가 발생하지 못하도록 하는 방어 시스템을 구축하지 않았는데 어떻게 위기를 막을 수 있겠습니까?

03

선 밖은
위기의 소굴

직장인의 경우 위기가 발생되는 것을 미연에 방지하기 위해서는 직장상사와의 관계를 잘 설정해야 합니다. 직장인들에게 있어 직장상사는 알파이자 오메가입니다. 말 그대로 직장생활의 모든 것이 직장상사로부터 비롯됩니다. 직장상사와의 관계가 어떻게 설정되는가에 따라 승진과 출세가 보장되죠. 그러므로 직장생활을 하는 과정에서 위기가 발생되는 것을 최소화하기 위해서는 가장 먼저 직장상사와의 관계 증진에 심혈을 기울여야 합니다. 직장상사는 업무 성과는 물론 팀 파워를 올려주는 직원을 선호합니다. 제아무리 인품이 좋아도 성과를 내지 못하면 상사와 좋은 관계를 지속적으로 유지할 수 없습니다. 그러므로 직장상사와 좋은 관계를 유지하기 위해서는 일의 성과를 창출하는 것은 물론 팀 파워를 올리는 데도 주력해야 합니다. 아울러 조직의 위기가 발생되거나 문제가 발생했을 때 자신의 이익보다는 조직의 안위를 생각해서 희생하고 솔선수범하는 직원을 상사는 선호한다는 것을 알아야 합니다. 간혹 불안정하고 혼란스러운 조직일수록 조직원들에게 희생을 강요하는 경우가 많습니다. 그럴 때는 과감하게 자신을 던져서 조직을 위해서 희생하고 헌신하는 것이 미래의 위기를 줄이는 길입니다. 아울러 결코 상사의 권위에 도전하거나 상사의 권위를 넘어서려는 실수를 범하지 않는 것이 지속적으로 자신의 안위를 지키는 길입니다. 상사가 무능해도 상사는 상사입니다. 그러므로 무능한 상사라고 해서 가볍게 대하거나 사적으로 친하다고 해서 무례하게 행동하는 것은 스스로 자신을 위기로 내모는 형국과 같습니다. 상사는 모든 면에서 자신이 부하직원보다 우월하다고 착각하는 경향이 있습니다. 또 자신이 조직의 리더이기에 조직원들의 모든 것을 자신이 통제하려고 합니다. 특히 자기 주도적 리더십 스타일을 가진 리더나 독불장군식으로 밀어붙이는 성향을 가진 리더십 스타일을 지닌 리더라면 특히 주의해야 합니다. 그런 리더일수록 제아무리 조직의 성과 향상에 기여해도 자신의 권위를 넘어서려는 직원은 가차 없이 응징하기 때문입니다. 그러므로 상사로 인해 직장의 위기가 발생되는 것을 미연에 방지하기 위해서는 무엇보다 상사의 권위를 인정하고 다소 불합리한 지시라도 결코 상사에게 반항하거나 불손한 태도를 보이지 말아야 합니다. 아울러 상사의 말에 우선 순응하고 차선책으로 적정한 기회를 봐서 개선 의견을 건의하는 것이 좋습니다. 시대가 아무리 변해도 상사의 속성은 변하지 않습니다. 『주역』에 '역린(逆鱗)'이라는 말이 있습니다. 이 말은 용의 목 밑에 거꾸로 난 비늘이 있는데 사람들이 그 비늘을 건드리면 크게 화를 낸다는 데에서 유래한 말입니다. 모든 사람에게는 자신만이 알고 남에게 알리고 싶지 않은 아킬레스건이 있기 마련입니다. 상사도 사람이기에 아킬레스건이 없을 수 없습니다. 그런 상사의 아킬레스건을 건드리지 않도록 조심하고 또 조심하는 것이 상사로부터 비롯되는 직장생활의 위기를 줄이는 최상의 길입니다. 가정이든 사회든 사람들과 함께 살아가는 곳에는 위계질서라는 것이 있기 마련입니다. 굳이 삼강오륜을 언급하지 않아도 무리를 이뤄서 사는 곳에는 서열이라는 것이 있습니다. 나이와 직위, 그리고 신분에 따른 수직적인 서열도 있고, 계층별로 분류되는 수평적인 서열도 있습니다. 위기가 발생되는 것을 줄이기 위해서는 그 서열을 잘 지켜야 합니다. 군신유의, 부자유친, 장유유서, 부부유별, 붕우유신 등 오륜에는 그 서열을 유지하기 위해서 지켜야 하는 것들이 구체적으로 제시되어 있습니다. 즉 임금과 신하 사이에는 의로움이 있어야 하고 부모와 자식 간에는 친함이 있어야 하며, 연장자와 연하자 간에는 서열이 있어야 하고 부부간에는 다름이 있어야 하며, 친구 간에는 믿음이 있어야 합니다. 그렇습니다. 단순히 서열을 지키고 위계질서를 지키는 것이 아니라 각각의 관계에서 지켜야 하는 것들을 지키는 것이 서열과 위계질서를 잘 지키는 것입니다. 또 서열을 지킨다는 것은 자기가 맡은 역할과 책임을 다하는 것을 의미하기도 합니다. 즉 자기의 역할과 책임을 다하지 않는 것은 서열을 무시하는 처사입니다. 부하직원이면 부하직원으로서 해야 하는 역할과 책임을 다하는 것이 서열을 잘 지키는 것이고 상사는 상사로서 해야 하는 역할과 책임을 다하는 것이 서열을 잘 지키는 것입니다. 그렇지 않고 부하가 상사의 역할과 책임을 떠맡거나 상사가 자신의 역할과 책임을 부하직원에게 떠넘기는 것은 위계질서를 무너뜨리는 단초가 됩니다. 서열이나 위계질서는 단순히 아랫사람만 지켜야 하는 것이 아닙니다. 맹자는 군주가 백성의 뜻에 반하는 행위를 하면 군주를 왕좌에서 끌어내릴 수 있다고 했습니다. 군주가 군주로서 행해야 하는 바를 행하지 않거나 백성을 잘 다스리지 못하는 군주는 군주로서 자격이 없다는 것이지요. 마찬가지로 상사가 상사의 위치에서 상사로서 해야 하는 역할과 책임을 다하지 않는 것도 서열을 지키지 않는 것이며 위계질서를 무너뜨리는 것입니다. 이에 더하여 공사를 구분하지 못하는 것 역시 선을 넘는 것이라고 할 수 있습니다. 공사를 구분하지 못하는 것은 위계질서를 무너뜨리고 조직에 혼란을 야기시키는 원인이 됩니다. 공적인 일을 하면서 사적인 이익을 챙기거나 공적인 권한으로 사적인 심부름을 시키는 것, 공금을 사적으로 횡령하는 것도 엄밀하게 말해서 서열을 넘어서는 행위입니다. 그렇습니다. 서열을 지키고 위계질서를 유지하는 것은 단순히 차례나 순서를 지키는 것에 국한하지 않습니다. 공사를 구분하고 주어진 규정과 원칙을 준수하며 자신의 본분에 맞게 행동하고 공중도덕을 잘 지키는 것도 서열과 위계질서를 잘 지키는 것입니다. 그래서 서열이나 위계질서를 잘 지킨다는 것은 인간으로서 혹은 사회인으로서 가장 기본적으로 행해야 하는 도리를 다하는 것이라고 볼 수 있습니다. 그 선을 지키는 것이 바로 자기에게 주어진 역할과 책임을 다하는 것이며 인간으로서 지켜야 하는 가장 기본적인 도리를 잘 지키는 것입니다. 서열을 지킨다고 하면서 불법을 자행하거나 위계질서를 잘 지킨다고 하면서 공적인 일을 사적으로 활용하는 사람은 이미 선을 넘어서는 것이라고 할 수 있습니다. 서열을 지키는 것은 단순히 순서를 지키는 차원을 넘어 하늘의 이치와 인간으로서 가장 기본적으로 지켜야 하는 것들을 지키는 것을 의미합니다. 또 서열과 위계질서를 지켜야 한다는 의미에는 서로 유사한 사람은 유사한 사람과 어울려야 한다는 의미가 함축되어 있습니다. 사람은 서로 수준이 같거나 유사한 사람끼리 어울립니다. 부자는 부자들과 어울리고 정치인은 정치인과 어울리며, 상인들은 상인들과 어울립니다. 또, 직장에서도 리더는 리더들과 어울리고 경영자는 경영자와 어울립니다. 이는 새들이 새들과 어울리고 돼지가 돼지와 어울리며 사자가 사자와 어울리고 코끼리가 코끼리와 어울리는 것과 마찬가지의 원리입니다. 그러므로 위기가 발생되는 것을 최대한 줄이기 위해서는 자기와 유사한 사람들과 어울려야 합니다. 여기서 중요한 것은 자신의 처지를 정확하게 파악하는 것이 필요합니다. 오리가 백조를 가장해서 백조와 어울릴 수는 있지만 결국에는 진면목이 드러나 백조의 무리에서 추방을 당하는 위기에 처하게 될 것이라는 것은 자명한 사실입니다. 마찬가지로 사회생활을 하거나 직장생활을 하면서도 자기와 뜻이 같고 어느 정도 수준이 맞는 사람들과 어울려야 합니다. 물론 자기가 바라는 이상적인 사람들과 어울리는 것이 보다 높은 곳에 오를 수 있는 단초가 되기도 하지만 그것은 일시적이어야 합니다. 선박왕 오나시스가 부자가 되기 위해 부자들과 어울리며 그들의 사고방식과 습관을 학습했던 것처럼 자기가 이상적으로 생각하는 사람들과 어울리면서 자신의 목표를 향해 정진하는 것은 좋습니다. 하지만 그렇다고 해서 흑이 백이 될 수 없다는 점을 인지하고 그들과 적당한 거리를 두는 것이 상책입니다. 뱁새가 황새를 쫓아가다가 가랑이가 찢어진다는 말이 있듯이 단시간에 가난한 사람이 부자가 되려고 한다거나 낮은 지위에 있는 사람이 높은 지위에 오르려고 하다 보면 위기가 발생되게 마련입니다. 그러므로 이상은 높은 곳에 두되 몸은 늘 현실감각을 가지고 주변의 여건이나 흐르는 동향에 따라 적정하게 자신의 역할과 책임을 다해야 합니다. 사람은 본능적으로 자기들이 노는 곳에 이방인이 끼어드는 것을 달가워하지 않습니다. 또 동물들도 기존의 무리에 다른 무리가 끼어드는 것을 본능적으로 싫어합니다. 자기들이 기거하는 곳에 낯선 사람이 오면 본능적으로 방어기제가 작동하여 경계를 합니다. 또 자기와 신분이 다르거나 지위가 다른 사람이 오면 본능적으로 낯선 느낌을 갖기도 합니다. 이뿐 아니라 화합물도 원소 주기율이 다른 것들과는 잘 섞이지 않으려고 합니다. 고기압과 저기압이 만나서 번개를 발생시키거나 혹은 플러스 전극과 마이너스 전극이 접촉하여 스파크를 발생시키듯이 다른 종이 만나면 크고 작은 일이 발생되게 마련입니다. 이 점에 착안하여 크고 작은 위기가 발생되는 것을 최소화하기 위해서는 자기와 생활 수준이 유사한 사람과 어울리고 학력이나 직종도 유사한 사람들과 어울려야 합니다. 물론 경우에 따라서는 자기보다 더 잘나가는 사람이나 지위가 높은 사람의 도움을 받아야 하는 경우도 있습니다. 그런 경우에는 그 사람들과 어울리면서 배울 것은 배우고 도움을 받아야 하는 것은 기꺼이 받아야 합니다. 그렇지 않고 자기와 다른 세상을 사는 사람들과 계속해서 관계를 유지하려고 하는 것은 언제 터질지 모르는 불발탄을 가슴에 품고 사는 것과 같습니다. 그들에게는 그들만의 세상이 있고 그들만의 문화가 있습니다. 또 그들은 그들의 눈높이에서 그들 나름으로 치밀한 전략과 권모술수로 치열하게 보이지 않는 싸움을 합니다. 그야말로 늘 벼랑 끝에 서 있는 것과 같은 절박한 심정으로 선의의 경쟁을 합니다. 그런 그들만의 리그에 끼어드는 것은 고속으로 달리는 기관차에 올라타는 것과 같습니다. 그만큼 위험하고 심지어는 목숨을 담보로 뛰어들어야 하는 것과 같다는 것이지요. 그러므로 어중간한 준비와 어정쩡한 생각으로 그들만의 리그에 뛰어들려고 하지 않는 것이 위기를 줄일 수 있는 최고의 비결입니다.

직장에서도 학력에 따라 계층별로 무리를 형성하고 군대에서도 계급에 따라 무리를 형성합니다. 그러한 것이 지극히 자연적인 순리입니다. 그런 것을 나무랄 수는 없습니다. 중요한 것은 자신이 어떤 그룹에 속하고 자신의 수준이 어느 수준이며, 자신의 지위와 역할이 어디인지를 명확히 아는 것이 중요합니다. 그래서 그에 맞게 처신하고 그와 다른 종들과는 어느 정도 거리를 두는 것이 위기를 줄일 수 있는 최상의 방법입니다. 아울러 자신보다 수준이 높은 사람들과 어울리기 위해서는 그 사람들에 준하는 실력과 역량을 길러야 하고 그들의 문화를 몸에 익혀야 합니다. 때로는 하늘 아래 동일한 공간에서 사는 사람인데 어찌하여 사람들끼리 등급이 나눠지는가에 대한 회의감이 들 때도 있습니다. 그런데 1층에 사는 사람은 10층에 사는 사람들이 보는 광경을 모두 볼 수 없습니다. 같은 공간에 있어도 생각하는 방식과 행동양식은 모두가 각각 다릅니다. 동일한 집단이나 같은 조직에 몸담고 있다고 해서 모든 사람들이 같은 생각과 동일한 행동양식에 준하여 사는 것은 아닙니다. 겉으로 보기에는 통일된 양상을 띠고 있지만 면밀히 들여다보면 모든 사람들이 각각 다릅니다. 그러므로 개인 간에도 수준 차이가 있다는 것을 생각해서 남과 어울릴 때에는 그 사람의 개인적인 말과 행동에서 드러나는 문화를 이해하고 사귀는 것이 바람직합니다. 아울러 위급한 일이 생기면 가까운 곳에서 해결방안을 찾아야 합니다. 장자에 학철부어(涸轍鮒魚)라는 말이 나옵니다. 이 말은 수레바퀴 자국에 괸 물속의 붕어라는 뜻으로, 매우 위급하거나 옹색한 형편을 말합니다. 장자는 누구한테도 구속받지 않고 자유롭게 살아가는 생활을 즐겼습니다. 그러다 보니 별다른 벌이가 없어서 굶기를 밥 먹듯이 했습니다. 어쨌든 목구멍에 풀칠은 해야겠다고 생각한 장자는 비교적 부유하게 사는 감하후를 찾아갔습니다. "돈이 생기는 대로 갚을 테니까 얼마간 융통해주십시오." 장자가 이렇게 부탁하자, 감하후는 빌려주더라도 어차피 돌려받기 어렵다 생각하고 이렇게 핑계를 댔습니다. "지금은 없네. 하지만 사나흘 후면 식읍에서 세금이 올라오니까 그땐 300금 정도 빌려줄 수 있을 테니 기다리게나." 그 말을 듣고 상대방의 생각을 알아차린 장자는 속이 뒤틀려서 퉁명스럽게 말했습니다. "말만 들어도 고맙군요. 하지만 그땐 소용이 없습니다." 그리고는 이런 멋들어진 비유를 들어 은근히 꾸짖었습니다. "아까 제가 이리로 오고 있는데, 누가 소리쳐 부르지 뭡니까. 그래서 돌아봤더니, '수레바퀴 자국에 고여 있는 물에 붕어 한 마리가 있더군요.' 그래서 왜 불렀느냐고 물었더니, 말라 죽게 되었으니 물을 좀 떠다 달라는 겁니다. 저는 귀찮은 생각이 들어 이렇게 말했지요. '내가 사나흘 후면 오나라로 유세를 떠나는데, 그대에게 서강의 물을 철철 넘치게 길어다 줄 테니 기다리게.' 그러자 붕어는 화를 버럭 내며 '나는 지금 몇 잔의 물만 있으면 살 수 있는데 당신은 기다리라고 하니 이젠 틀렸군요. 나중에 건어물전에나 와서 죽은 나를 찾으시구려' 하고는 눈을 감지 않겠습니까." 위의 장자의 말처럼 위기가 발생되면 자기의 영향력이 미치는 가장 가까운 곳에 있는 재원을 활용하여 위기를 제거해야 합니다. 그렇지 않고 자기의 영향력이 미치지 않는 곳에서 재원을 마련해서 위기를 제거하려고 하면 골든 타임을 놓쳐서 더욱 큰 위기로 번질 수 있습니다. 그러므로 위기가 발생되면 자신과 가장 친한 사람들의 도움을 받는 것이 좋습니다. 또 멀리서 위기를 발생시키는 문제의 해결 수단을 찾으려고 하기보다는 가까운 곳에서 찾는 것이 바람직합니다.

04

맹신은
위기의 덫

THREE ===== TUNNELS

대부분의 위기는 사람에게서 옵니다. 실수나 실패로 인해서 오는 위기 역시 자기라는 사람에게서 비롯되는 위기입니다. 그러므로 위기가 발생되는 것을 줄이기 위해서는 사람을 맹신하지 말고 의심해야 합니다. 특히 타인을 의심하거나 불신하기에 앞서 자기 자신을 먼저 의심하고 불신해야 합니다. 즉 자신이 내리는 선택과 결정이 자신에게 위기를 가져올 수 있다는 생각을 가져야 합니다. 또 의심해야 하는 것은 의심하고 불신해야 하는 것은 불신해야 하며, 의심해야 하는 사람은 의심하고 불신해야 하는 사람은 불신해야 합니다. 그것이 위기를 줄일 수 있는 길입니다. 한비는 『한비자』에서 군주가 위기 상황에 빠지는 궁극적인 원인은 신하를 전적으로 믿는 데에서 출발한다고 했습니다. 그래서 군주는 결코 다른 사람들을 믿지 말아야 하며, 다른 사람들로 하여금 군주를 믿도록 해야 한다고 했습니다. 물론 믿음을 주고 격려하고 위로하며 용기를 주면 더욱 열정적으로 일을 할 것이라는 것은 자명합니다. 하지만 그렇다고 해서 그 사람을 전적으로 믿지는 말아야 합니다. 왜냐하면 자칫하면 신하들이 힘을 비축하여 자신을 공격할 수 있기 때문입니다. 역사 이래 군주에게 대항하고 왕권을 어지럽힌 사람들은 대개의 경우 군주와 대등한 힘을 갖고 있거나 군주에 버금가는 영향력을 가진 사람들입니다. 그래서 한비는 상은 다른 사람이 줄 수 있도록 권한을 위임할 수 있지만 벌은 군주가 직접 행해야 한다고 했습니다. 일반적으로 사람들은 벌을 주는 사람을 더 두려워하기 때문입니다. 그런 관점에서 볼 때 타인에게 비롯되는 위기를 줄이기 위해서는 상을 주기보다는 벌을 주는 것이 효과가 더 큽니다. 마찬가지로 사람을 의심하거나 불신하는 것이 신뢰하고 격려하는 것보다 위기를 줄일 확률이 높습니다. 믿는 도끼에 발등 찍히는 형국과 같은 상황이 발생되지 않으리라는 보장은 없습니다. 특히 사람은 자신의 이익과 명예를 위해서는 언제든 등을 돌릴 수 있는 여지가 있고 경우에 따라서는 타인의 부와 명예를 빼앗기 위해 배신을 밥 먹듯이 행하는 사람도 있다는 점을 유념해야 합니다. 그렇습니다. 불신의 철학이 위기관리의 철학입니다. 모두가 이상 없다고 생각하는 일도 자신만은 이상이 있을 수 있다는 생각을 가져야 하고, 모두가 좋다고 말하는 사람도 자신은 그 사람이 나쁜 사람일 수 있다는 생각을 가져야 합니다. 의심하는 것이 나쁜 것이 아닙니다. 단, 자신의 의심과 불신의 마음이 상대방에게 들키지 않도록 하는 것이 중요합니다. 아울러 상대방으로 하여금 자신을 전폭적으로 믿게 하는 것이 필요합니다. 와신상담의 일화에서 구천이 부차에게 신뢰를 얻기 위해서 그의 배설물을 먹었듯이 상대방에게 믿음을 얻기 위해서는 수단과 방법을 가리지 않는 것이 위기를 줄일 수 있는 길입니다. 세상에 나쁜 사람은 없습니다. 맹자가 말했듯이 세상 사람들은 모두 천성이 선합니다. 하지만 사람들은 모두가 자신의 이익과 명예를 위해서는 무슨 짓이든지 하는 본능이 있다는 점을 망각하지 말아야 합니다. 특히 착한 사람 코스프레를 하는 사람을 주의해야 합니다. 그런 사람일수록 숨겨진 내면에 악한 구석이 많을지도 모른다는 생각을 해야 합니다. 사기를 치는 사람들의 공통점 중 하나는 처음에 상대방이 무한 신뢰를 느낄 수 있도록 갖은 호의를 베푼다는 점입니다. 그들은 상대방이 자신을 믿도록 하기 위해서 수단과 방법을 가리지 않습니다. 여하튼 위기라는 것은 믿음에서 옵니다. 위기가 생기지 않을 것이라는 믿음, 그 사람은 결코 자신에게 위기를 가져올 사람이 아니라고 생각하는 믿음이 결국 위기를 불러옵니다. 그러므로 자신도 믿지 않는다는 생각으로 늘 의심에 의심을 해야 하고 사람들을 불신하고 또 불신해야 합니다. 여기서 말하는 불신은 사람들의 인간적인 모든 면을 불신하라는 것이 아닙니다. 상대방을 전폭적으로 믿는다는 관점에서 벗어나 상대방이 자신에게 위기를 가져다줄지도 모른다는 생각으로 접근하는 불신을 의미합니다. 아울러 더욱 중요한 것은 상대방의 마음을 아는 것입니다. 즉 무턱대고 상대방을 의심하는 것이 아니라 자기 입장이 아닌 상대방의 입장에서 생각해보는 것이 필요합니다. 노자의 『도덕경』에 "성인은 자기 마음이 없다. 백성의 마음을 제 마음으로 삼기 때문이다"는 말이 있습니다. 그렇습니다. 노자는 성인은 백성의 마음을 자기 마음으로 삼는다고 말을 합니다. 자기 마음을 잘 돌보며 남의 마음이나 남의 일에 간섭하지 말라고 하는 노자가 왜 이런 말을 했을까요? 아마도 이 말의 진정한 의미는 성인의 마음 안에는 백성의 마음이 있어야 한다는 말로 이해할 수 있습니다. 즉 자기만 생각하는 것이 아니라 남과 더불어 조화와 상생을 이루면서 사는 것이 올바른 삶이라고 말하는 것이지요. 결론적으로 도를 깨달은 성인이라고 해서 특별한 마음으로 사는 것이 아니라 지극히 평범한 사람들의 마음을 가지고 산다는 것을 강조한 말입니다. 요즘 말로 남의 마음을 이해하는 공감 능력을 지녀야 하고 역지사지의 마음을 지녀야 한다는 의미입니다. 그런 사람에게는 위기가 발생할 확률이 낮습니다. 왜냐하면 대부분의 위기는 자기만 생각하는 이기적인 마음에서 발생하는 경우가 많기 때문입니다. 이에 더하여 세상을 우습게 보면 위기의 덫에 빠질 수 있습니다. 이 역시도 자기 자신을 너무 맹신하는 것이라고 할 수 있습니다. 공자는 『논어』에서 "군자에게는 경계해야 하는 세 가지가 있는데, 젊은 시절에는 혈기가 아직 안정되지 않았기 때문에 여색을 경계하고, 장성해서는 혈기가 왕성하니 다른 사람들과 다툼을 경계해야 하며, 늙어서는 혈기가 점점 쇠약해지기 때문에 탐욕을 경계해야 한다"고 했습니다. 그렇다면 앞서 위기를 줄이기 위해서는 모든 사람을 의심해봐야 한다고 말을 했는데 가족도 의심의 대상이 될 수 있을까요? 가족은 불신의 대상이 아니라 평소에 지속적으로 챙겨야 하는 대상입니다. 왜냐하면 가족의 위기는 자기의 위기이고 가정의 불행은 자기의 불행이기 때문입니다. 수신제가치국평천하라는 말이 있듯이 천하를 다스리는 것은 자기와 가정을 잘 다스리는 것에서 시작되어야 합니다. 아니 자기와 가정을 잘 다스리는 것이 결국 천하를 잘 다스리는 것입니다. 많은 사람들이 천하를 다스리기 위해 애쓰고 있지만 자기와 가정을 돌보는 데 소홀히 하는 점도 없지 않습니다. 하지만 위기가 발생하는 것을 줄이기 위해서는 가족들의 위기를 늘 생각하면서 그들에게 위기가 발생되지 않도록 자신의 역할을 톡톡히 해야 합니다.

05

위기 놓으면
위기

안정과 성장이 지속되는 시기라고 생각하고 있다면 그 시기가 위기의 시기라고 생각해야 합니다. 위기를 위기로 받아들이면 그것은 위기가 아닙니다. 이 말은 늘 위기라고 생각하고 그에 대비한다면 위기를 피할 수 있다는 말입니다. 하지만 위기를 위기로 인식하지 않거나, 안정과 성장이 지속되기에 위기가 아니라고 생각한다면 그 즉시 위기에 처하게 될 것입니다. 거안사위(居安思危)라는 말이 있습니다. 이 말은 평안할 때에도 위험과 곤란이 닥칠 것을 생각하며 미리 대비해야 함을 이르는 말입니다. 한마디로 말해서 잘나간다고 방심하거나 경거망동하지 말고 위기에 대비해서 유비무환의 정신으로 준비를 거듭해야 한다는 말이지요. 인간은 본능적으로 생활이 안정되면 딴생각을 하는 속성을 지녔습니다. 또 성장의 흐름 속에 있으면 계속해서 성장할 것이라고 방심하는 속성도 있습니다. 하지만 어려운 시기를 지나서 이제는 걱정이 없다고 생각하는 순간 예기치 않은 또 다른 위기가 찾아오게 됩니다. 자신이 산전수전을 다 겪었고 경험이 풍부해서 이제는 그 어떤 위기가 닥쳐도 아무 걱정이 없다고 자만하는 순간, 그간에 한 번도 겪어본 적 없는 커다란 위기가 온다는 사실을 알아야 합니다. 평소에 잔병치레를 많이 하는 사람이 비교적 장수하는 경우가 많습니다. 반면에 평소에 감기 한 번 걸려본 적이 없을 정도로 건강한 사람이 단명하는 경우도 있습니다. 건강하다고 너무 자신하지 않고 평상시 정기적으로 건강검진을 하는 사람이 건강하게 천수를 누립니다. 이와 마찬가지로 위기관리도 건강관리 하듯 관리해야 합니다. 어떻게 생각하면 위기라고 생각하지 않을 때가 위기이고, 잘나갈 때가 위기라는 말은 모순입니다. 하지만 이 말은 부정의 부정은 강한 긍정이듯이 이율배반이 아니라 이율대대입니다. 그러므로 좋은 일에는 마가 낀다는 호사다마라는 말이 있듯이 잘나갈수록 늘 조심하고 긴장하며 위기에 대비해야 합니다. 특히 더 이상 근심걱정 하지 않을 정도로 풍족한 생활을 하고 있다면 그 시기가 위기라 생각하고 대비해야 합니다. 잘나가던 기업이 일시에 몰락하거나 남부러울 것 없던 사람이 일시에 폐인이 되는 주요 원인은 방심과 자만입니다. 자만과 방심은 위기의 단짝입니다. 그러므로 위기를 피하고 싶다면 자만하지 말고 겸손해야 하며, 방심하지 말고 늘 긴장해야 합니다. 한편으로 생각하면 호랑이도 제 말하면 온다는 말이 있듯이 위기를 생각하면 위기가 올지도 모른다고 생각하는 사람도 있습니다. 어쩌면 위기가 닥쳐도 위기라고 생각하지 않는 것이 오히려 위기를 느끼지 않고 생활할 수 있는 좋은 방안일 수 있습니다. 또 피할 수 없으면 즐기라는 말이 있듯이 위기 자체를 즐기는 것이 어쩌면 위기를 극복할 수 있는 좋은 방책이 될 수도 있습니다. 미국 월가의 투자전문가 나심 니콜라스 탈레브는 그의 저서 『검은 백조(Black Swan)』에서 방심하거나 긴장을 늦추고 있으면 도저히 일어날 것 같지 않은 일이 일어날 수 있다고 했습니다. 평소에 주인에게 먹이를 부족함이 없이 제공받는 가축은 축제의 날에 자신이 갑자기 죽을 수도 있다는 생각을 하지 못합니다. 또 큰 제방이 미꾸라지 구멍에 의해서 무너질 수 있듯이 긴장을 늦추거나 방심하는 순간 자기도 모르는 크나큰 위기에 처할 수 있다는 생각을 가져야 합니다. 자기는 평소에 유비무환의 정신으로 철저히 위기에 대비하기 때문에 위기가 있을 수 없다고 생각하는 사람일수록 위기에 빠질 확률이 높습니다. 그러므로 자기에게도 언제든 위기가 올 수 있다는 생각을 가지고 늘 위기를 생각하면서 생활해야 합니다. 위기라는 단어 안에는 긴장과 겸손과 준비의 의미가 내포되어 있습니다. 그러므로 오늘 걷지 않으면 내일은 뛰어야하고, 오늘 뛰지 않으면 내일은 날아야 하는 상황이 발생될 수 있다는 생각으로 늘 위기에 대비하는 삶을 살아야 합니다. 위기와 친해서 결코 좋을 것은 없습니다. 고생은 사서도 한다는 말이나 위기가 기회라는 말은 교과서적인 이론일 뿐입니다. 굳이 고생을 사서 할 필요가 없습니다. 피하려고 해도 언젠가 자연스럽게 찾아오는 고생을 일부러 사서 할 필요는 없죠. 그럴 시간이 있으면 더 나은 미래를 향해 도전과 응전의 시간을 갖는 것이 오히려 도움이 될 것입니다. 아울러 위기는 위기이지 결코 기회가 아닙니다. 위기가 기회라는 말은 위기 상황에 처했을 때 희망의 끈을 놓지 말고 포기하지 말라는 의미에서 만들어진 말일 뿐 위기는 기회가 될 수 없습니다. 그런 점에 착안하여 가능한 한 고생과 위기는 피해야 합니다. 만약 현재 위기 상황에 처했다면 지체 없이 그 상황에서 빠져나와야 합니다. 그러기 위해서는 평상시 내공을 길러야 하고 재빠르게 위기 상황에서 벗어날 수 있는 지혜를 스스로 쌓아야 합니다. 자신의 삶을 자기 스스로 관리하지 못하는 사람은 다른 사람에 의해 관리를 당하게 됩니다. 마찬가지로 평소에 위기를 잘 관리하지 않으면 위기가 당신의 삶을 관리하게 될 것입니다. 늘 위기를 생각한다는 것은 만약의 경우를 생각하는 것입니다. 하늘이 무너질지 모른다고 걱정하고 땅이 꺼질지 모른다고 근심하는 것은 기우입니다. 하지만 만약에 위기가 발생하면 어떻게 할 것인가를 생각하는 것은 기우가 아닙니다. 위기가 발생할 것이라고 예측했는데 위기가 발생되지 않으면 더없이 좋고, 자신이 예측한 대로 위기가 발생되었다면 준비했던 대로 위기에 대처하면 보다 쉽게 위기를 극복할 수 있습니다. 그렇습니다. 위기를 줄이거나 위기에 대처하는 가장 좋은 방법은 위기가 올 것이라는 것을 미리 예측하는 것입니다. 그러기 위해서는 무작정 일에 착수할 것이 아니라, 사전에 일을 하는 과정에서 무슨 일이 일어날 것인지를 시뮬레이션을 하는 것이 좋습니다. 아울러 그 과정에서 자신이 원하는 대로 일이 풀리지 않을 경우 어떻게 할 것인지를 사전에 준비해야 합니다. 요즘 기업체에서는 안전사고를 예방하기 위한 차원에서 D-1일 안전 활동을 전개하고 있습니다. 이 활동은 일을 시작하기 하루 전에 그 일을 어떻게 시작하고 일을 하기 전에 무엇을 준비해야 하며, 본격적으로 일이 시작되면 어떻게 관리할 것인지를 시뮬레이션을 해보는 것입니다. 그래서 일을 시작하기 전에 안전사고의 우려가 있다면 그 위험 요소를 제거하고 안전을 확보하기 위해 사전에 인적, 물적, 설비적 측면 등 일과 관련된 모든 것들을 살펴보는 것입니다. 그렇게 하면 그렇게 하지 않는 것보다 사고가 일어날 확률이 줄어듭니다. 문제 해결 기법으로 5why 기법이 있는데 이처럼 일을 착수하기 전에 만약에 발생될 수 있는 비정상적인 것들을 간추려서 준비한다면 위기가 발생되어도 크게 당황하지 않고 대처할 수 있을 것입니다. 『논어』에 스스로 혼자 있어도 결코 하늘을 우러러 부끄러운 행동을 하지 않는다는 신독(愼獨)이라는 말이 있는데 위기를 줄이기 위해서는 늘 신독의 생활 태도를 유지하는 것이 최상입니다. 그러기 위해서는 자기 성찰의 시간을 많이 가져야 합니다. 즉 자신의 생활을 돌아보고 앞으로 해야 하는 행동에 대해서 먼저 생각을 재고한 연후에 위기가 생기지 않는 길을 택해서 행동해야 합니다. 즉 올바른 계획과 실천이 뒤따르도록 충분히 생각한 연후에 행하는 것이 위기를 줄일 수 있는 좋은 방안입니다. 또 시시각각 위기 일지를 쓰면서 생각의 시간을 갖고 자신의 행동을 돌아보고 반성하는 것이 위기를 줄일 수 있는 좋은 방법입니다. 위기의 속성상 위기가 전혀 생기지 않을 것 같은 곳에서 발생되는 경우가 많습니다. 반대로 어떤 경우에는 위기가 많이 발생될 것이라고 생각되는 곳에서는 오히려 발생되지 않는 경우도 있습니다. 그것은 위기를 생각하면서 위기가 발생되지 않도록 긴장을 했거나 예방 활동을 강화했기 때문입니다. 하지만 위기가 전혀 생기지 않을 것이라고 생각되는 환경에서는 방심한 나머지 전혀 생각지도 않는 곳에서 위기가 생기는 경우가 더러 있습니다. 늘 위기를 생각한다는 것은 행복할 때는 불행을 생각하고, 이익을 볼 때는 손해를 생각하며, 잘나갈 때는 못 나갈 때를 생각하는 등 상대성 원리에 의해서 양쪽 모두를 저울질하는 것을 의미합니다. 지혜로운 자는 반드시 이로움과 해로움을 같이 생각합니다. 즉 해로울 때 이로움을 같이 생각하면 힘써 해야 할 것에 믿음이 생기고, 이로울 때 해로움을 같이 생각하면 환란을 이겨낼 수 있습니다. 『손자병법』에도 지혜로운 자는 이로움과 해로움을 같이 생각한다는 말이 있습니다. 그러합니다. 위기가 발생되는 것을 예방하기 위해서는 이익이 있으면 늘 손해가 뒤따른다는 생각으로 이익 뒤에 숨어 있는 해로움이 무엇인지를 먼저 생각해야 합니다. 흔히 위기를 기회라고 말을 하지만 위기는 위기입니다. 단 위기를 잘 극복해야 그것이 기반이 되어 기회를 잡을 수 있기에 많은 사람들이 위기를 기회라고 말을 하는 것이지요. 그렇게 볼 때 이익은 손해이고 손해는 이익을 부른다는 말로 해석할 수 있습니다. 즉 장기적으로 볼 때 이익을 보려고 하면 결국에는 손해를 보게 되고, 손해를 본다는 생각을 가지고 접근하면 이익을 얻을 수 있다는 말입니다. 실제로는 이익이 이익이고 손해는 손해입니다. 이익이 손해가 될 수 없고 손해가 이익이 될 수도 없습니다. 하지만 위기를 줄이기 위해서는 당장 손해를 보더라도 장기적으로 볼 때 이익이라고 생각하면 기꺼이 손해를 감수해야 합니다. 잡으려고 하면 풀어주어야 하고, 무너뜨리기 위해서는 먼저 세워주어야 한다는 노자의 말처럼 이익을 보려면 일단은 어느 정도 손해를 감수하는 것이 세상의 이치입니다. 오로지 이익에만 혈안이 되어 있으면 필연적으로 손해를 보게 됩니다. 이이가 평생의 생활 철학으로 삼았던 견리사의(見利思義), 즉 이익을 보면 의를 돌아본다는 말처럼 자신에게 이익이 도래하면 반드시 손해를 먼저 생각하는 생활 태도로 임하는 것이 위기를 줄이는 지혜로운 처세입니다. 아울러 위기는 동일한 형태의 위기가 반복되는 속성을 지녔습니다. 특히 불안전한 습관에 의해 발생되는 위기는 주기적으로 찾아오는 경향이 있습니다. 그러므로 악습관으로 발생되는 위기를 줄이기 위해서는 악습을 제거하는 것이 우선되어야 합니다. 그러기 위해서는 악습으로 인한 위기가 반복해서 발생하는 주간을 위기관리 특별주간으로 관리해야 합니다. 왜냐하면 위기는 반복해서 발생하는 속성도 있지만 그 고비만 잘 넘기면 마파람에 게 눈 감추듯이 자취를 감추는 속성도 있기 때문입니다.

06

드러내면
위기

THREE ⟹ TUNNELS

　일반적으로 사람은 자기가 이뤄놓은 공적과 업적을 자랑하고 싶어
하는 본능이 있습니다. 남들에게 인정받고 싶어 하는 나르시시즘의
본능을 지니고 있다는 것이지요. 그럼에도 불구하고 위기가 발생되
는 것을 줄이기 위해서는 자기 자랑을 하지 않는 것이 좋습니다. 물
론 모수자천(毛遂自薦)의 고사성어에 등장하는 모수처럼 자기가 하고
싶은 일을 하기 위해서는 자기를 어느 정도 드러내는 것은 좋습니다.
하지만 더불어 함께 다른 사람들과 조화를 이루면서 안정된 생활을
하려면 결코 자기를 자랑하지 않는 것이 좋습니다. 『논어』에서 공자
는 자기가 높이 오르고 싶으면 남을 먼저 높이 오르게 하고, 남이 자

기를 알아주기를 바라는 것보다 자기가 남에게 인정받을 수 있는 그릇인가를 먼저 돌아보라고 했습니다. 그렇습니다. 자기 자랑을 하기보다는 남의 장점을 칭찬해주고 남을 높여주면 자기에게 다가오는 위기를 줄일 수 있습니다. 장기적으로 볼 때 자기가 나서야 하는 자리도 남이 나서게 하는 것이 자기에게 유리합니다. 사람들이 자기 자랑을 하는 이유 중 하나는 공통적으로 다른 사람에게 자기를 알려서 인정의 나르시시즘을 충족하기 위해서입니다. 그러나 자기를 알아주라고 자기 스스로 자기를 알리는 것은 모양새가 좋지 않습니다. 남의 손을 빌려서 머리를 깎아야 제대로 머리를 깎을 수 있는데, 극구 자기가 자기 머리를 깎는다면 당연히 머리 스타일이 제대로 나올 리 없습니다. 그러므로 좋은 일이 생기든 불미스러운 일이 생기든 주변 상황에 부화뇌동하지 말고 평소처럼 행동하는 것이 상책입니다. 승진으로 기분이 좋은 나머지 평소에 하지 않았던 거만한 언행을 한다든지 갑자기 졸부가 되어서 돈을 주체하지 못하고 마구 낭비하는 것도 평상심을 잃은 행동입니다. 또 간절히 원하는 목표를 달성한 나머지 기분이 좋아서 흥청망청하거나 긴장을 늦추는 것 또한 평상심을 잃은 행동입니다. 위기는 그런 성향을 가진 사람들과 함께하기를 호시탐탐 노리고 있습니다. 『맹자』에 부동심이라는 말이 있습니다. 맹자는 사람들은 가축을 잃어버리면 찾을 생각을 하면서 자신의 마음을 잃어버리면 그것을 찾으려고 하지 않는다고 했습니다. 가축보다 더 소중하고 귀한 자기의 마음을 잃어버렸는데도 그 마음을 찾지 않는 사람을 탓하는 맹자는 자기의 잃어버린 마음을 찾기 위해서는 학문에 정진해야 한다고 했습니다. 즉 맹자는 평정심을 잃고 자만하거나 평소와 다른 태도를 취할 수 있으므로 늘 자기 마음을 바로잡는 경지에 이르도록 학문에 정진해야 한다고 했습니다. 부동심의 마음을 가지면 주변 상황에 일비일회하지 않고 평상시 품은 자기의 심리 상태를 유지할 수 있습니다. 여기서 방심한 나머지 평소와 다른 행동을 한다는 것은 이성적이 아니라 감정적으로 행동하는 것을 의미합니다. 즉 좋은 일이 생기거나 불행한 일이 생기면 이성적으로 차분히 생각해서 행동하는 것이 아니라 자기의 기분상태에 따라 행동하기에 위기 상황에 처하게 되는 것이지요. 자기 자랑을 하지 않고 남을 치켜세워 주는 사람에게는 위기가 오지 않습니다. 우리는 남보다 낮은 곳에 거하는 사람을 겸손한 사람이라고 평합니다. 그렇습니다. 겸손한 사람은 자기 자랑을 하지 않습니다. 『도덕경』에 "강과 바다가 모든 골짜기의 왕이 될 수 있는 까닭은 낮은 곳에 위치하기 때문이다"라는 말이 있습니다. 겸손은 양보이고 겸허이며 상대방을 존경한다는 묵시적인 의사표시입니다. 또 자기를 드러내지 않으며 상대방을 배려한다는 의미가 담겨 있습니다. 익히 아는 바와 같이 겸손한 사람들은 다음과 같은 세 가지 공통점을 지녔습니다. 첫째, 말수가 적고 남의 말을 잘 경청합니다. 남의 말을 경청한다는 말에는 상대방을 존경한다는 의미가 내포되어 있습니다. 자기의 생각과 주장보다는 타인의 주장을 들어주고 자기가 하고 싶은 말을 하기보다는 상대방이 하고 싶은 말을 하도록 분위기를 조성해주는 사람이 겸손한 사람입니다. 둘째, 겸손한 사람은 상대방을 존경하는 마음을 품고 있습니다. 자기가 나서야 하는 상황에서도 상대방이 먼저 나서도록 하고 진심으로 상대방의 처지를 이해하며 상대방의 마음에 공감하는 사람이 겸손한 사람입니다. 셋째, 겸손한 사람은 예의와 에티켓을 잘 지킵니다. 그래서 말과 행동에 질서가 있고 주어진 상황과 여건에 따라 상대방이 불편해하지 않도록 그 상황에 맞춰 잘 대응합니다. 예의를 잘 지킨다는 것에는 상대방을 존중한다는 의미와 시대적 상황과 주어진 여건에 맞춰 적정하게 상대방을 배려한다는 의미가 내포되어 있습니다. 상대방의 마음을 편하게 하고 상대방이 긴장하거나 불안해하지 않게 하는 사람이 겸손한 사람입니다. 그래서 겸손한 사람과 함께 있으면 마음에 평화를 느끼게 됩니다. 그런 사람에게는 위기가 오지 않을 것이라는 것은 불을 보듯 뻔한 사실이 아닌가요? 공자는 『논어』에서 자기가 하고 싶지 않은 일은 남에게 시키지 말아야 한다고 했습니다. 이 말의 의미에는 모두가 하고 싶은 일이 있다면 자기가 나서지 말고 남을 시켜야 한다는 말로 해석할 수 있습니다. 사람에 의해서 위기가 발생하는 가장 근본적인 원인은 상대방과의 불신에서 비롯되는 경우가 많습니다. 또 서로 칼부림을 하는 것도 지극히 사소한 말다툼에서 시작되는 경우가 많습니다. 그러므로 사람으로 인한 위기가 발생되는 것을 미연에 방지하기 위해서는 평소에 믿음을 쌓는 것이 중요합니다. 그중 상대방과 믿음을 쌓기 위해 가장 우선적으로 해야 하는 일 중 하나가 바로 자기가 하고 싶지 않은 일을 다른 사람에게 시키지 않는 것입니다. 누구에게나 하고 싶지 않은 일이 있습니다. 또 공통적으로 가고 싶지 않은 곳도 있습니다. 하고 싶지 않은 일을 하지 않고 가고 싶지 않은 곳에 가지 않는 것만으로도 사람들은 안정과 평화를 느낍니다. 신뢰의 어원이 편안함에서 유래했다는 점을 생각하면, 사람들과 신뢰의 관계를 형성하기 위해서는 무엇보다 상대방의 마음을 편안하게 해줘야 합니다. 그러기 위해서는 우선적으로 자신의 마음이 편해야 합니다. 자기가 심리적으로 불안한 상태에서는 상대방의 마음을 편하게 하는 데 한계가 있습니다. 왜냐하면 감정은 전이되기 때문입니다. 『열자』에 해옹호구(海翁好鷗)라는 말이 나옵니다. 이 말은 바닷가에 사는 노인이 갈매기를 좋아한다는 뜻으로, 사람에게 야심이 있으면 새도 그것을 알고 가까이하지 않는다는 말입니다. 다음은 해옹호구의 유래에 대한 이야기입니다. 바닷가에 사는 해옹이라는 사람이 갈매기를 좋아했습니다. 그는 매일 아침 바닷가로 나가서 갈매기들과 더불어 놀았는데, 그에게 놀러 오는 갈매기가 200마리도 넘었습니다. 그런데 어느 날, 그의 아버지가 말하기를 갈매기들이 모두 너와 더불어 논다는 얘기를 들었는데 그 갈매기를 잡아 오라고 했습니다. 그는 다음 날 아침, 아버지의 부탁을 들어주기 위해 바닷가로 나갔습니다. 그런데, 갈매기들은 그의 머리 위를 맴돌 뿐 내려오지 않았습니다. 이처럼 자기 안에 숨겨진 마음이나 감정은 어떻게든 다른 사람들에게 전이되게 마련입니다. 앞서 공자가 자기가 하기 싫은 일을 남에게 시키지 말아야 한다는 말에도 상대방 입장을 생각해서 그렇게 하지 말아야 함을 말하고 있습니다. 자기 자랑을 하거나 자기를 드러낸다는 것은 다른 사람보다 자기가 앞서가고 있다는 것을 과시하는 표징입니다. 그런데 앞서가는 사람과 뒤에 따라가는 사람 중 누가 더 위기에 처할 확률이 높을까요? 만약의 경우에 앞에 위기가 도사리고 있다면 앞에 가는 사람이 위기에 처할 확률이 높고, 그렇지 않고 뒤에서 위기가 쫓아오고 있다면 뒤에 있는 사람이 위기에 처할 확률이 높습니다. 그래서 위기와 적게 접하기 위해서는 너무 앞서가는 것보다 적당히 뒤처져 따라가는 편이 낫습니다. 다른 사람보다 너무 앞서가다 보면 다른 사람들의 시기와 질투를 견뎌내야 하고, 선두를 노리는 경쟁자의 칼날에 다칠 염려가 적잖습니다. 그러므로 주변 사람들의 시기와 질투를 이겨내는 힘과 경쟁자의 칼날에 대항할 수 있는 방패를 지니고 있지 않다면 적당히 2인자의 자리에서 자세를 웅크리며 사는 것이 상책입니다. 사람은 누구나 남들 앞에 나서고 싶은 욕구가 있습니다. 또 이왕이면 2등보다는 1등을 하고 싶은 것이 사람들의 본능입니다. 하지만 위기가 발생되는 것을 최소화하기 위해서는 1등과 같은 2등이 되는 편이 낫습니다. 1등의 위치에 있으면 1등을 노리는 다른 사람들의 따가운 시선을 견뎌내야 하고, 자칫하면 1등에서 내려와야 한다는 불안감으로 인해 심적인 스트레스를 많이 받게 마련입니다. 그러므로 그러한 것들을 감내할 수 없다면 한 발 뒤로 물러나서 2등을 고수하는 것이 심적인 안정을 취할 수 있는 비결입니다. 이렇게 살아도 일평생이고 저렇게 살아도 일평생인데 이왕이면 다홍치마라고 2등보다 1등이 낫다고 말하는 사람도 있습니다. 또 1등 싹쓸이 시대에는 1등이 누릴수 있는 혜택이 너무 많기 때문에 2등보다 1등이 낫다고 말하는 사람도 있습니다. 물론 그 말도 일리는 있습니다. 1등이 2등보다 누릴수 있는 혜택이 많은 것은 사실입니다. 하지만 빛이 있으면 어둠이 있듯이 1등의 뒤에는 남들에게 드러나지 않는 많은 고통이 수반됩니다. 특히 1등을 오래도록 고수하기 위해서는 경쟁자를 물리칠 수 있는 힘을 끊임없이 길러야 하는 고통이 뒤따르게 됩니다. 그래서 특별하게 사는 것보다 보통사람처럼 생활하는 것을 선호하는 사람들은 1등의 자리에 선뜻 앉지 않습니다. 왜냐하면 1등의 자리에 올라 단명하기보다는 2등의 자리에서 장수하는 것이 오히려 더 낫다고 생각하기 때문입니다. 그럼에도 불구하고 많은 사람들이 2등보다 1등이 되기를 원하는 것은 위험 부담이 큰 만큼 얻는 보상과 이익이 크기 때문입니다. 특히 힘의 논리에 의해서 돌아가는 현재의 세태는 1등에 준하는 권력이 없으면 강자의 힘에 의해서 언제든 나락으로 떨어질수밖에 없는 사회구조로 되어 있습니다. 그래서 많은 사람들이 뒤에 있기보다는 앞서 나가는 편을 택하고 있습니다. 높이 나는 새가 보다 멀리 볼 수 있고 다양한 것을 볼 수 있듯이 1등의 자리에 있으면 2등의 자리에 있을 때보다 훨씬 더 많은 것을 얻을 수 있습니다. 왜냐하면 1등의 자리에 있으면 2등의 자리에서 만날 수 없었던 다른 류의 사람들을 많이 접할 수 있기 때문입니다. 그럼에도 불구하고 1등 같은 2등의 자리를 고수해야 위기를 줄일 수 있습니다.

07

위기 청소기,
변화

THREE ⟶ TUNNELS

루이스 캐럴의 『이상한 나라 엘리스』에 "강둑에 언니와 나란히 앉아 있던 엘리스는 아무 할 일이 없다는 게 슬슬 지겨워졌다"라는 내용이 있습니다. 그렇습니다. 대부분의 사람들은 아무 일이 없으면 지겨워합니다. 그래서 뭔가 특별한 일이 생기기를 원합니다. 새로운 일이 생기면 현재보다 뭔가 재미가 있을 것 같고 더 즐거워질 것이라고 생각합니다. 또 다소 위기가 있더라도 그 위기를 극복하는 것이 인생에 진화를 이루는 것이라고 생각합니다. 그래서 매일 반복되는 일과에서도 뭔가 새로운 재미를 느끼게 하는 일이 없을까를 생각하고, 가끔은 일부러 위험한 일에 스스로 뛰어드는 경우도 있습니다. 굳이 새로운 일을 찾아 나서지 않아도 가만히 있으면 저절로 색다른 일이 생기는데 그 순간을 기다리지 못하고 스스로 아무 일도 없다고 판단하는 것이지요. 또 아무 일도 하지 않고 가만히 있으면 좀이 쑤시고 뭔가를 해야 자신이 살아 있다고 느끼는 사람들이 많습니다. 우리네 인생은 다람쥐 쳇바퀴 돌아가는 것처럼 매일 동일한 패턴이 반복되는 생활입니다. 특히 직장인의 경우에는 더욱 그러하죠. 그럴 때면 매너리즘에 빠져 지루함을 느끼기도 하고, 그런 일상에서 벗어나 뭔가 스릴이 넘치는 새로운 생활을 하고 싶은 생각이 듭니다. 그런데 위기가 발생되는 것을 최소화하기 위해서는 매일 반복되는 생활을 즐길 줄 알아야 합니다. 그저 아무 일 없는 것이 안정과 행복을 주죠. 매일 반복되는 유사한 생활이 지극히 괜찮은 인생입니다. 매일 새로운 패턴으로 인생을 산다면 오히려 그것이 생활을 불안하게 합니다. 대부분의 직장인들이 사업이 아닌 직장을 택한 이유 중 하나는 안정된 생활을 하기 위해서입니다. 사업은 자신의 의지와는 다르게 호황기에는 번창하다가 불황기에는 퇴보하는 등 주변 여건에 따라 롤러코스터를 타기 때문에 생활이 불안합니다. 그래서 변동 폭이 작고 비교적 안정된 생활을 하기 위해서 직장생활을 선택합니다. 그것이 큰 성공은 아니어도 기본적으로 생계를 유지하는 데 걱정이 없기 때문입니다. 매일 유사한 일들이 반복되는 생활 패턴 안에 있으면 그 패턴이 위기를 막을 수 있는 든든한 보호막이 됩니다. 그러므로 일상이 반복되는 생활이라고 불평하지 말아야 하고 그 안에서 보다 새로운 삶을 개척하는 것이 좋습니다. 매일 동일한 일을 해야 하기에 따분하고 이제는 몸에 익어서 모든 것을 무의식적이고 습관적으로 하는 경향이 있다고 해도 결코 그런 생활을 지루하게 생각하지 말아야 합니다. 한편으로 생각하면 그런 생활을 하지 못하는 사람도 많고, 매일 날품을 팔면서 생계를 걱정해야 하는 사람도 있습니다. 또 매일 새로운 일을 해야 해서 매일 낯선 환경에서 긴장하며 생활해야 하는 사람도 있습니다. 그렇게 생활이 불규칙적인 상황에서는 위기가 더 많이 발생됩니다. 대부분 사건이 발생되거나 재해가 일어나는 경우를 보면 평상시의 생활 패턴에서 벗어난 경우가 많습니다. 교통사고도 매일 다니는 도로에서 발생되는 경우보다는 낯선 도로를 운전할 때 많이 발생합니다. 그러므로 매일 반복되는 생활을 하거나 유사한 일을 계속한다고 해도 결코 지루해하지 말아야 합니다. 왜냐하면 그것이 위기를 줄일 수 있는 최선의 방법이기 때문입니다. 극단적으로 말해서 매일 숨을 쉬고 하루 삼시 세끼 밥을 먹는 것도 매일 반복되는 패턴이 아닌가요? 매일 숨 쉬고 밥 먹는 것을 반복한다고 해서 그것을 지루하거나 재미가 없다고 말하는 사람은 없습니다. 어찌 생각하면 반복되는 생활 패턴을 가진 삶이 안정과 행복을 주기에 그런 생활 패턴을 갖기 위해 불철주야 노력하는 것이 아닌가 싶습니다. 그럼에도 불구하고 어찌하여 사람들은 생활이 안정권에 접어들면 새로운 것을 하고 싶어서 안달이 나는 것일까요? 그것은 보다 더 나은 환경에서 보다 더 나은 생활을 하고 싶은 욕망에서 그러합니다. 더 좋은 집, 더 좋은 자동차, 더 높은 명예를 추구하기 위한 욕심에서 매일 반복되는 생활 패턴에서 벗어나고 싶어 하는 것이라고 봅니다. 그런데 그런 생각은 하루하루 끼니를 해결하기 위해 이곳저곳을 배회하며 일거리를 찾는 사람들을 생각하면 사치가 아닐 수 없습니다. 대부분의 보통사람들은 안정되고 예측 가능한 생활 패턴 안에서 안정과 행복을 추구하고 싶어 합니다. 그런데 그런 생활이 무료하다고 말하는 사람이 있다면 그 사람은 스스로 위기를 부르는 사람입니다. 즉 반복되는 생활 패턴은 위기를 막아 주는 성벽입니다. 연령이 많을수록 그 성벽은 더 두텁게 형성되고 경험이 많을수록 그 높이는 더욱 높아집니다. 그야말로 위기를 방비하는 철옹성이 되는 것이죠. 그 성안에서 건강하고 행복한 삶을 사는 것이 우리 인생의 궁극적인 목표가 아닌가 합니다. 대부분 식생활이 규칙적인 사람이 건강합니다. 또 매일 규칙적으로 운동하는 사람이 건강합니다. 마찬가지로 규칙적인 생활을 하는 사람에게는 위기가 발생될 확률이 낮습니다. 실력이 쌓이고 내공이 쌓였다는 것은 기본적으로 해야 하는 것들이 몸에 배어 있다는 것을 의미합니다. 실력이나 내공은 반복의 힘에서 생깁니다. 처음에는 어렵고 힘들다고 생각하는 것도 계속 반복하다 보면 그것이 몸에 배고 지극히 자연스럽게 행하는 단계에 이르게 됩니다. 우리는 그런 사람을 전문가 혹은 고수라고 부릅니다. 그렇게 일정한 경지에 오르기 위해서는 반복적으로 연습하는 것이 필요합니다. 마찬가지로 인생의 내공은 동일한 생활 패턴을 반복하는 과정에서 쌓이고 쌓여서 형성됩니다. 물론 수많은 경험을 해야 하고 다양한 사람을 만나는 것이 인생의 내공을 키워주는 것은 당연합니다. 하지만 그런 생활은 언제든 위기를 불러올 공산이 큽니다. 어떤 사람들은 뭔가 새로운 것을 하기 위해서 새로운 도전의 길에 나서는데 그것은 위기를 즐기기 때문에 그러한 것이 아닙니다. 또 위기가 발생된다는 것을 몰라서 그런 새로운 도전과 응전의 삶을 사는 것도 아닙니다. 그런 사람은 위기 극복의 힘을 기르기 위해서 스스로 그러한 삶을 기꺼이 선택한 것입니다. 필자가 동일한 생활 패턴 안에 있는 것을 즐기라고 말하는 것이 그런 새로운 도전과 응전의 삶을 살지 말라고 하는 것은 아닙니다. 때로는 새로운 도전과 응전의 삶을 사는 것도 좋습니다. 하지만 그런 생활은 짧으면 짧을수록 좋습니다. 왜냐하면 그런 생활을 고집하는 것은 자기로 인해 자기 주변 사람들의 생활 패턴에 혼란을 주기 때문입니다. 그런데 그런 생활이 일정한 규칙을 가지고 계속적으로 반복되는 생활이라면 그 역시도 위기가 발생되는 것을 줄이는 방책이라고 할 수 있습니다. 또 일정한 패턴을 가진 생활을 한다는 것은 어느 정도 예측된 삶을 사는 것이라고 할 수 있습니다. 비가 올 것을 예측하면 우산을 준비할 수 있어서 비를 맞을 위기에서 벗어날 수 있듯이 일정한 생활 패턴을 가지고 규칙적인 생활을 하는 사람에게는 위기가 발생될 여지가 적습니다. 왜냐하면 앞서 말했듯이 무슨 일이 일어날 것이라는 것을 예측해서 그에 대한 대책을 세울 수 있기 때문입니다. 반복적이고 규칙적인 생활을 하는 사람들의 공통점은 생활이 안정되어 있다는 점과 사전 준비가 철저하다는 것, 그리고 모든 것을 전략적이고 계획적으로 행한다는 점을 들 수 있습니다. 계획적이고 전략적인 사람은 모든 것을 생각하며 행동합니다. 그들은 행동하기 전에 일정한 전략과 계획을 세웁니다. 또 규칙적이고 반복적인 생활을 하다 보면 그 패턴에서 벗어나거나 낯선 것들이 들어오면 금세 낯선 것들을 찾아냅니다. 그래서 낯선 것으로 인해 위기가 발생되는 것을 미연에 예방합니다. 그렇기 때문에 매일 반복되는 생활을 하거나 동일한 생활 패턴을 반복하는 사람에게는 위기가 발생될 확률이 적습니다. 중요한 것은 그런 반복되는 생활에 익숙해지면 자신의 생활에 대해서 자기 스스로 자만하는 경우가 생길 수 있다는 점입니다. 자신의 생활을 자기가 예측 가능하고 모든 것이 몸에 익어서 별도로 의식하지 않아도 자신의 생활을 할 수 있다는 생각에서 자만하고 방심하게 되는 것이지요. 하지만 그 순간에도 위기는 온다는 생각을 가지고 늘 긴장하며 신중하게 생활해야 합니다. 물론, 변하지 않으면 더 큰 고통과 위기를 맞는다고 생각하면 기꺼이 새로운 패턴으로 바꿔줘야 합니다. 단순히 매일 반복되는 생활 패턴을 유지하는 것이 만능이 아니라는 것이지요. 단 패턴을 바꿀 때에도 기존 패턴과 180도 다른 패턴으로 급격하게 변화하는 것보다 시나브로 새로운 패턴을 병행하며 변화해야 위기를 줄일 수 있습니다. 자기 혼자 있는 것을 따분해하고 뭔가 다른 사람들과 이슈를 만들어서 특별한 생활을 하고 싶어 하는 사람 또한 위기를 안고 사는 사람입니다. 대부분 위 유형의 사람들은 다른 사람에게 특별한 존재로 인정받고 싶어 하는 인정의 나르시시즘이 강하고, 모든 것을 자신이 주도하고 싶어 하는 속성을 지녔습니다. 재차 말하지만 위기는 사람을 통해서 옵니다. 즉 관계하는 사람이 많으면 많을수록 위기가 생길 확률은 더 높죠. 그러므로 위기가 발생되는 것을 줄이기 위해서는 가장 먼저 만나는 사람의 수를 줄여야 합니다. 이에 더하여 다른 사람과 이해관계가 충돌하는 일을 줄여야 합니다. 사람과 관계하는 사람의 숫자와 위기의 숫자가 비례한다는 점을 감안하면 관계하는 사람이 많으면 많을수록 위기가 발생될 확률은 높다고 보는 것이 타당합니다. 결과적으로 평소의 생활 패턴을 유지하면서 점진적으로 자기 생활의 진화를 꾀하는 것이 위기를 줄이는 길입니다. 그렇지 않고 단숨에 큰 변화를 도모한다면 반드시 위기가 온다는 점을 감안하여 새로운 일을 착수하기 전에 먼저 위기관리 능력을 키우는 것이 상책입니다. 한편으로 생각하면 위기를 줄일 수 있는 가장 좋은 방법은 위기가 생기지 않는 상태를 유지하는 것입니다. 빛의 속도로 변화하는 현실에서 자신이 살아남기 위해서는 변화를 선도해야 한다는 말도 있습니다. 하지만 위기가 발생되지 않는 안정된 상태를 유지하면서 변화를 꾀하는 것이 더 중요합니다. 굳이 위기를 겪으면서 삶에 활력을 충전해야 할 필요가 있다면 잠시 현실에서 벗어나 기분 전환을 하고 다시금 복귀하면 됩니다. 이 세상은 끊임없이 변화하고 있습니다. 자기는 변화하지 않으려고 해도 주변 환경과 상황이 계속해서 변하고 있습니다. 그러한 세상을 사는 것이 우리네 인생입니다. 즉 자신도 느끼지 못하는 사이에 세상은 끊임없이 변화하고 있다는 것을 인지해야 합니다. 그렇지 않으면 새로운 변화를 꾀하기 위해서 도전하는 과정에서 겪는 위기보다 더 큰 위기와 마주치게 될 것입니다. 그러므로 매일 반복되는 일상이라고 해서 무기력한 모습을 보이는 것보다는 관점을 달리하여 현실 속에서 끊임없는 변화를 꾀해야 합니다. 실제로 많은 것을 다양하게 경험하고 각양각색의 새로운 것을 많이 해서 고수가 되는 것은 아닙니다. 가장 기본적으로 행해야 하는 일 속에서 남이 보지 못하는 새로운 것을 발견하는 과정에서 고수가 되는 것입니다. 고수의 생활은 안정되고 편안해 보입니다. 즉 반복되는 일상생활 속에서 뭔가 부족한 점을 찾고 뭔가 개선해야 할 것을 찾으려는 관점으로 바라본다면 그 생활은 이미 매일 새롭게 태어나는 삶입니다. 매일 반복되는 익숙한 삶을 낯설게 본다면 그 속에서 자신만의 경지에 오르는 새로운 삶이 열릴 것입니다.

08

위기의 메신저,
서두름

THREE TUNNELS

서두름은 두 개의 얼굴을 가지고 있습니다. 상황에 따라 위기를 부르기도 하고 때로는 기회를 부르기도 합니다. 즉 서둘러서 좋은 경우도 있고 나쁜 경우도 있습니다. 그런데 객관적으로 볼 때 서두른다는 것은 위기를 부를 확률이 더 높습니다. 어차피 인생은 확률 게임입니다. 그래서 위기가 발생될 확률이 높은 쪽을 피해야 위기를 줄일 수 있습니다. 버스를 놓칠 것 같아서 서두르거나 약속 시간이 촉박해서 급하게 서둘러야 하는 경우 등 서두른다는 것은 약속을 지킬 수 있어서 좋기도 하지만 그로 인해 위기가 발생될 확률이 더 높습니다. 참고로 서두른다는 것은 정해진 속도를 넘어서 빠르게 행동하는 것을 의미하며, 행동이 빨라진다는 것은 생각의 속도가 빨라진다는 것을 의미합니다. 물론 정해진 순서에 입각하여 신속 정확하게 행하면 유리함이 더 많습니다. 또 행동이 빨라졌다고 해도 해야 할 것은 하고 하지 말아야 할 행동을 하지 않는다면 그다지 위기는 없을지도 모릅니다. 하지만 생각과 행동의 속도가 빨라지면 평상시 하지 않았던 것들을 하게 되고 그로 인해 위기가 발생될 여지가 많아집니다. 무엇보다 생각과 행동의 속도가 빨라지면 주변을 돌아볼 겨를이 없고 여유 있게 주변 상황을 헤아릴 수 없습니다. 그러므로 서둘러야 하는 상황에 처한다면 늘 심호흡을 하면서 한 박자 쉬어가는 타임이라고 생각하고 여유를 가져야 합니다. 또 자신이 서두르고 있다는 것을 자기 스스로 의식하거나 인지하는 것이 매우 중요합니다. 자기의 생각과 행동의 속도는 자신이 조절할 수밖에 없습니다. 물론 타인에 의해서 저지를 당하고 타인의 권유나 조언으로 인해 생각과 행동의 속도를 줄일 수 있지만 그 역시도 자신이 마음먹어야 가능합니다. 그런 관점에서 볼 때 서두름으로 인해 발생되는 위기를 줄이기 위해서는 생각과 행동의 속도를 최대한 늦춰야 합니다. 또 조급한 마음이 들면 자신이 조급하게 생각하고 있다는 것을 의식해서 일부러 다른 일에 관심을 두는 것이 좋습니다. 조급한 생각을 하고 서두르는 이유가 무엇인지를 생각하면서 말이죠. 극단적으로 말해서 서두르지 않아서 버스를 놓치면 다음에 오는 버스를 타면 되고, 약속 시간이 늦을 것 같으면 약속 시간을 늦추면 됩니다. 그런데 우리는 그러지 못하죠. 왜냐하면 정해진 시간에 정해진 버스를 타야 제때 지정된 장소에 도착해서 정해진 일을 할 수 있고, 약속을 지켜야 상대방에게 믿음을 줄 수 있기 때문입니다. 그런데 곰곰이 생각하면 꼭 정해진 버스를 타야만 하고 약속을 반드시 지켜야만 하는 것은 아닙니다. 그것이 한 사람의 생명을 좌지우지할 정도로 대단하고 중요한 일이 아니라는 것이지요. 물론 자신의 목숨과 바꿀 정도로 매우 중요한 일이라면 서둘러도 좋습니다. 하지만 대부분의 일들이 아주 사소한 일인 경우가 많습니다. 그러한 것을 알면서도 서두르는 이유는 정해진 틀과 자신이 정한 규칙에 준하여 행해야 한다는 심리적인 영향 탓입니다. 어떤 선택을 하든 앞으로 일어날 결과는 신이 아닌 이상 아무도 모릅니다. 인생사 새옹지마입니다. 우리네 인생은 절대적으로 정해진 정답이 없습니다. 그런 점에 입각하여 자신이 서두르는 상황에 처하면 될 대로 되라는 생각으로 평상시 생각과 행동의 속도를 유지하면서 유연하게 대처하면 어떨까요? 여유를 가지고 주변을 돌아보며 차분하게 행동한다면 최소한 서두르는 행위로 인해 위기가 발생되는 것을 줄일 수 있을 것입니다. 『도덕경』에 "고요한 것이 조급한 것을 이기고 차가운 것이 뜨거운 것을 이기며, 맑고 고요한 것이 천하를 바로잡는다"는 말이 있습니다. 그렇습니다. 조급하게 서두르는 것보다 고요하게 침묵하는 것이 더 실익이 큽니다. 또 가장 좋은 방법은 서둘러야 하는 경우에는 서두르는 것이 맞습니다. 하지만 그런 과정에서도 조급한 마음을 갖기보다는 여유로운 태도로 고요하게 서두르는 것이 좋습니다. 조급한 마음으로는 고요한 마음을 가진 사람을 이길 수 없습니다. 높은 산이 묵묵히 그 자리를 오래도록 지킬 수 있는 것은 고요하기 때문입니다. 때로는 묵묵히 아무 일도 하지 않고 그냥 그대로 있는 것이 모든 다툼을 없애고 아무 일도 생기지 않는 삶을 사는 비결이기도 합니다. 『도덕경』에 은밀하게 움직이거나 움직이지 않는 것이 오히려 움직이는 것이라는 모순된 말이 있듯이 조급하지 않고 고요한 것이 위기를 줄일 수 있는 좋은 방법입니다. 일례로 갈등이 있다고 조급하게 갈등을 해결하려고 하다 보면 긁어 부스럼이 되는 경우도 있습니다. 또 일에 몰입하여 열정적으로 나서서 주도적으로 행동하다 보면 뜻하지 않은 실수로 인해 위기에 처하게 되는 경우가 생길 수 있습니다. 그러므로 어떤 경우든 냉정을 유지하면서 주변 상황에 따라 냉철하게 판단해서 행동해야 합니다. 결론적으로 열정과 냉정의 경계, 고요함과 서두름의 경계, 정과 동의 경계, 음과 양의 경계를 넘나들면서 주어진 상황과 여건에 따라 행동하는 것이 위기를 줄일 수 있는 최선의 방책입니다. 물론 들숨과 날숨을 동시에 호흡할 수는 없습니다. 마찬가지로 고요한 것과 조급한 것을 동시에 병행할 수는 없습니다. 순간적으로 고요하고 순간적으로 조급하면 됩니다. 그렇다고 해서 서두르는 것이 결코 나쁜 것은 아닙니다. 그렇습니다. 너무 서두르는 것이 문제가 되는 것이지 적당히 서두르는 것은 문제가 되지 않습니다. 적정성을 유지하는 것은 경계에 서는 것이고 중용을 유지하는 것입니다. 중용은 어느 중간을 의미하는 것이 아닙니다. 주어진 상황에 따라 시의적절하게 행하는 것이 중용을 행하는 것입니다. 공자는 『논어』에서 조급히 이루려 하지 말고 작은 이익을 탐내지 않아야 한다고 했습니다. 또 조급히 이루려고 하면 오히려 닿지 못하고 작은 이익을 탐내면 큰일을 이룰 수 없다고 했습니다. 조급히 이루려고 하면 기준과 원칙을 무시하는 상황이 발생되게 됩니다. 또 이익을 봐야겠다고 생각하거나 자기가 손해를 보는 상황에 처하면 평소와는 달리 이성적으로 생각하기보다는 감정적으로 생각해서 판단하는 우를 범하게 됩니다. 이로 인해 주변 사람들이 피해를 보고 시간이 가면 갈수록 더 큰 문제가 발생되게 됩니다. 그러므로 바쁠수록 돌아간다는 말이 있듯이 급하면 오히려 평상심을 유지하고서 일부러 여유를 가지려고 애써야 합니다. 또 일부러 닥친 상황에서 벗어나 제3자의 입장에서 자신의 처지를 객관적으로 바라볼 수 있어야 합니다. 대부분 우리가 급하다고 생각하는 일들은 엄밀하게 따져보면 그리 급한 일이 아닙니다. 목숨이 위태롭거나 평생 이뤄놓은 업적들이 한순간에 무너지는 상황이 아니면 조급하게 생각할 필요가 없습니다. 오늘 하지 못하면 내일 하면 되고 지금 당장 할 수 없다면 나중에 하면 됩니다. 꼭 오늘 해야 하고 지금 당장 해야 한다는 원칙은 없습니다. 그러한 원칙도 결국에는 누군가의 조급함과 성급한 성격 탓에 세워진 원칙일 수 있습니다. 사람이 하는 일이기에 정해진 원칙과 기준을 달리할 수도 있다는 것을 감안해서 조급하게 해야 하는 일이 있다면 잠시 그 자리를 떠나서 시간적인 여유를 갖는 것도 좋은 방책입니다. 실제로 지내온 날을 돌아보면 그리 급할 바 없었다는 생각이 들 것입니다. 그렇습니다. 현실적으로 아무리 급한 일도 시간이 지나면 그리 급한 일이 아니라는 것을 느끼게 됩니다. 대부분 서두름과 조급한 행동은 주어진 환경과 여건으로 인해 생기는 경우가 많습니다. 마치 거센 물살에 몸이 휩쓸려가듯이 주어진 환경과 여건에 휩쓸려 조급한 행동을 하게 되는 것이지요. 그러므로 그런 상황에 처하면 정말로 중요한 것은 무엇이고 소중한 것이 무엇인지를 생각해서 중요하고 긴급한 것이 아니라면 서두를 필요가 없습니다. 아울러 현실에 닥친 문제가 정말로 소중하고 긴급한 것인가를 자신의 자아정체성에 입각하여 판단해야 합니다. 아무 생각 없이 자신의 목표를 향해 질주하다 보면 그 분위기에 휩쓸려 올바른 판단을 하지 못하는 경우가 발생합니다. 그러므로 평소에 여유를 가지고 노자의 무위자연 사상에 입각하여 제3자의 관점에서 자신을 관조해볼 줄 알아야 합니다. 또 절체절명의 위급한 상황이 아니라면 그저 지나고 보면 아무것도 아니라는 생각으로 강 건너 불구경하듯 대하는 것도 서두름을 줄일 수 있는 비결입니다. 한편으로 생각하면 서두르지 않아야 한다는 것을 알면서도 서두르게 되는 것은 심신의 컨디션이 좋지 않아서 그런 경우도 있습니다. 즉 과로로 인해 올바른 선택을 할 수 있는 판단력이 흐려진 것이지요. 사노라면 심신이 피곤해서 무조건 푹 쉬고 싶을 때가 있습니다. 그럴 때는 무조건 그냥 쉬어야 합니다. 휴식 없는 생활은 위기를 안고 사는 것과 같습니다. 무엇보다 휴식 없이 생활을 하다가는 인생에서 가장 소중한 건강을 해칠 수 있기 때문입니다. 그러므로 심신이 허약해졌다는 것을 느꼈다면 전후 사정 볼 것 없이 무조건 쉬어주는 것이 상책입니다. 충분한 휴식을 취하는 것은 생활에 활력을 주는 에너지를 충전하는 것과 같습니다. 도끼날을 갈지 않고 10시간 일하는 사람보다 9시간 동안 도끼날을 갈고 1시간 나무를 베는 사람이 더 많은 나무를 벨 수 있습니다. 그런데 휴식이 필요하다는 것을 알면서도 반드시 해야 하는 일이 있어서 쉬지 못하는 경우도 있습니다. 하지만 자기 생각에 쉬어주어야 한다고 생각했다면 무조건 쉬어주는 것이 좋습니다. 특히 하나의 프로젝트를 끝냈거나 새로운 목표를 향해 새롭게 출발하려면 미리 충분한 휴식을 취해서 힘을 비축해두어야 합니다. 대나무가 다른 나무에 비해 높게 자랄 수 있는 것은 중간중간에 마디가 있기 때문입니다. 마디가 없는 대나무는 약한 바람에도 쉽게 꺾이지만 마디가 촘촘한 대나무는 강한 바람에도 쉽게 꺾이지 않습니다. 마찬가지로 일을 하면서 중간중간에 쉬어주는 것은 대나무가 높이 자라기 위해 마디를 형성하는 것과 같습니다. 우리네 인생은 결코 짧은 인생이 아닙니다. 살아보니 짧다고 느끼는 것이지 20대 청년들에게 인생은 짧다는 말이 통하지 않습니다. 그렇습니다. 인생은 깁니다. 기나긴 인생을 건강하고 행복하게 살기 위해서는 무리하게 살 필요는 없습니다. 없는 여유도 만들어서 쉴 수 있어야 합니다. 어떤 사람은 일이 휴식이기에 일을 하는 것 자체가 휴식이라고 말을 하지만 일은 일입니다. 결코 일이 휴식이 될 수 없습니다. 간혹 쉬고 싶어도 주변 사람들 시선 때문에 휴식을 취하지 못하는 사람도 있습니다. 하지만 그것은 결국 자기의 위기로 인해 주변 사람들까지 위기로 몰아넣는 어리석은 처사입니다. 자기가 건강하고 자신의 삶이 행복해야 자기 주변의 소중한 사람들이 행복하고 자신의 삶이 풍성해야 자기 주변에 있는 소중한 사람들에게 많은 것을 베풀 수 있습니다. 그러므로 남의 시선을 의식하지 말고 자기 몸이 쉬어주어야 한다는 신호를 보내면 무조건 휴식을 취하는 것이 상책입니다. 또 정신적으로 과다한 스트레스 상황에 처해 있다면 지내온 환경이 아닌 색다른 환경에서 스트레스를 풀어주는 기분 전환의 시간을 가져야 합니다. 휴식의 시간은 결코 단순한 휴식이 아닌 새로운 도약의 시간이고, 그간 살아온 삶의 속도를 더욱 빠르게 하기 위한 준비의 시간입니다. 아무리 성능이 좋은 자동차라고 해도 연료가 충분하지 않으면 멀리 갈 수 없고, 브레이크 성능이 좋지 않으면 고속으로 주행할 수 없습니다. 브레이크의 성능이 좋아야 자기가 정지하고 싶을 때 정지할 수 있기 때문입니다. 일 중독에 빠진 사람들이 주로 하는 말 중 하나는 자신은 일을 하는 순간이 휴식을 취하는 것보다 더 행복하다는 것입니다. 일을 하는 것이 즐겁다면 일을 하는 것도 괜찮습니다. 하지만 그 과정에서도 몸이 이상한 신호를 보내고 휴식이 필요하다고 느끼는 순간이 오면 주저하지 말고 쉬어주어야 합니다. 휴식이라고 해서 머나먼 곳으로 여행을 하거나 장기간 낯선 곳에서 지내는 것만이 휴식은 아닙니다. 책을 보면서 마음의 양식을 기르는 시간도 휴식이고 거룩한 성전에서 기도를 하는 것도 휴식이며, 평소에 시간이 없어서 하지 못했던 자기만의 취미를 즐기는 것도 휴식입니다. 그렇습니다. 휴식은 생활의 주름을 펴주는 다리미와 같습니다. 노화되면 피부에 주름이 생기는 것처럼 휴식을 취하지 않고 계속해서 일을 하면 생활에 주름이 생기게 마련입니다. 그 주름이 서두름과 위기를 잉태합니다. 또 주름과 주름 사이의 깊이가 깊으면 깊을수록 위기의 크기가 더 커지게 됩니다. 그러므로 주름이 생겼다고 생각하는 순간 무조건 휴식의 다림질로 주름을 제거해야 합니다.

09

다툼 자체가
위기

21세기는 생존경쟁이 치열한 글로벌 서바이벌 시대입니다. 진화론에서 말하듯이 강한 종이 오래 살아남습니다. 이와 마찬가지로 위기를 줄이기 위해서는 강자가 되어야 합니다. 왜냐하면 강자가 약자보다 위기에 처할 확률이 낮기 때문입니다. 만약의 경우 자신이 약자라고 생각하면 강자의 편에 서야 위기를 줄일 수 있습니다. 손자는 『손자병법』에서 강한 적을 만나면 일단 피하라고 했습니다. 또 승산을 계산해서 승리를 장담할 수 없는 싸움은 하지 말라고 했습니다. 또 양적으로 적보다 10배 이상의 군사력을 가졌을 때 전쟁을 하는 것이 승산이 있다고 말합니다. 이는 강자가 되어야 전쟁에서 승리할 수 있기 때문에 강자가 되었을 때 전쟁을 하라는 말이지요. 『임제어록』에 이르는 곳마다 주인이 되면 서 있는 곳마다 모두 참될 것이라는 말이 있습니다. 이 말을 이르는 곳마다 주인의 마음으로 주도적으로 생활하는 것이 참되다는 말로 해석하는 사람이 있는데 진정한 의미는 그것이 아닙니다. 이 말의 진정한 의미는 자신이 머무는 곳에서 주인의 눈으로 적극적이고 능동적으로 생활하고 주어진 환경을 자신의 탓으로 돌려야 한다는 말입니다. 사실 어디를 가든 긍정적이고 적극적이며 주도적으로 생활하는 것이 반드시 좋은 것은 아닙니다. 또 앞에 나서서 적극적으로 임하는 것이 주도적인 것은 아닙니다. 위기를 줄이기 위해서는 뒤에 물러서서 자신이 하고자 하는 바를 주도적으로 하되 나서지 않는 것이 좋습니다. 왜냐하면 대부분의 위기는 앞에 나서다가 모난 돌이 정을 맞는 격으로 위기를 맞는 경우가 많기 때문입니다. 그러므로 가능한 한 자신의 모습을 내보이지 말고 한 발 뒤로 물러나서 지원하는 정도로만 생활하는 것이 좋습니다. 일을 주도적으로 하다 보면 다른 사람을 이끌어야 하고 때로는 중요한 선택과 결정을 해야 하는 경우도 있습니다. 그러다 보면 이해관계를 달리하는 사람들에게 비난을 받을 수 있고 주변에 적을 양산하는 결과가 파생됩니다. 사람들은 누군가가 자기를 이끌어주기를 바라는 본능도 있지만 자기보다 더 잘나거나 자기가 못하는 것을 주도적으로 하는 사람을 시기하는 경향도 있습니다. 공자는 『논어』에서 군자는 자기가 나서야 하는 상황에서 남을 더 돋보이게 하는 사람이라고 말을 합니다. 우리는 남 앞에 나서는 사람을 1인자라고 하고 뒤에서 은근하게 일을 처리하는 사람을 2인자라고 말을 합니다. 또 남을 이끌고 일을 주도적으로 하는 사람을 1인자라고 하고 그 사람이 1인자로서 권리를 행사할 수 있도록 도와주는 사람을 2인자라고 칭합니다. 위기가 발생되는 것을 예방하기 위해서는 1인자가 되려고 애쓰기보다는 기꺼이 2인자가 되기를 자처해야 합니다. 왜냐하면 선두에 있거나 정상에 있는 사람은 늘 다른 사람의 표적이 되기 때문입니다. 그런 관점에서 볼 때 1인자의 그늘에 숨어서 다른 사람의 시기와 견제를 받지 않고 마음 편하게 사는 것이 위기를 줄일 수 있는 최선의 길입니다. 그러므로 수처작주의 마음으로 생활하되 그런 마음을 겉으로 드러내지 말아야 하고, 주도적으로 나서고 싶어도 2인자로서의 역할을 해야 위기를 줄일 수 있습니다. 대부분 잘나가는 사람이 롱런하지 못하고 중도에 하차하는 데 반해 그저 평균적인 보통 수준에서 일을 하는 사람들이 롱런하는 경우가 많습니다. 잘나가면 잘나가기 때문에 오래도록 잘나가야 하는데 그렇지 않은 것이 세상 이치죠. 계속해서 잘나갈 수는 없습니다. 무슨 일이든 시간이 지나면 기복이 있고 변화가 생길 수 있습니다. 그런 변화의 시점에서 적절하게 액션을 취하면 비교적 롱런할 수 있지만 자칫 변화를 감지하지 못하거나 잘못된 선택을 하면 나락으로 떨어질 수밖에 없습니다. 그러므로 위기가 발생되지 않게 하기 위해서는 그리 잘나갈 필요 없습니다. 또 일을 주도적으로 할 필요도 없고 1인자의 자리를 노릴 필요도 없습니다. 그저 평범한 사람들의 수준에서 일반적으로 많은 사람들이 가는 길을 무리를 지어서 함께 가면 됩니다. 인생의 행복이 1인자가 되는 것에 있는 것이 아니라 오래도록 행복한 상태를 유지하는 것에 있다는 것을 알아야 합니다. 한편, 이유 여하를 막론하고 반드시 이겨야 분이 풀리는 사람도 있습니다. 제3자가 보기에는 아무 일도 아닌데 자기 혼자서 무슨 큰일이나 발생한 것처럼 소란을 피우는 그런 사람이나 양보의 미덕보다는 투쟁을 통해 반드시 이겨야 하는 것을 선호하는 사람은 위기와 친할 수밖에 없습니다. 왜냐하면 위기는 집착이나 투쟁에서 발생하는 경우가 많기 때문입니다. 남에게 피해의식을 갖고 있거나 패배로 인해 설움을 당한 경험이 있는 사람은 남과 다투어서 이겨야만 안도감을 느끼는 경향이 있습니다. 또 조금이라도 남에게 무시를 당하면 성격적으로 참지 못하는 성미를 가진 사람은 자기가 남보다 강하다는 것을 느끼는 데에서 자신의 존재감을 느끼는 경향이 많습니다. 그래서 어떤 상황에서든 자기가 주도해야 하고 다른 사람들에게 자신이 각광을 받아야 스스로 만족감을 느낍니다. 그런 사람은 위기에 처할 확률이 높습니다. 왜냐하면 그런 사람의 곁에는 아군보다 적군이 더 많기 때문입니다. 누차 반복해서 말하지만 위기는 사람을 통해서 오며, 그 사람이 자신과 적대적 농도가 높을수록 더 큰 위기가 발생되게 됩니다. 즉 상대방의 시기와 질투가 많을수록 더 큰 위기를 맞게 될 확률이 높습니다. 그러므로 위기가 발생되는 것을 미연에 방지하기 위해서는 적을 만들지 않는 것이 매우 중요합니다. 그렇습니다. 주변 사람들과 친밀한 관계를 형성할 수 없다면 최소한 적을 만들지 않아야 합니다. 백 사람의 친구를 사귀는 것보다 한 사람의 적을 만들지 않는 것이 매우 중요합니다. 제아무리 많은 나무를 심는다고 해도 단 한 사람의 불장난으로 인해 산천초목이 모두 잿더미가 될 수도 있습니다. 적을 만들지 않으려면 우선 이분법적이면서 전투적인 성정을 버려야 합니다. 그러기 위해서는 져도 되는 상황에서는 과감하게 상대방에게 승리를 양보하는 것이 상책입니다. 그렇지 않고 무조건 수단과 방법을 가리지 않고 이겨야만 한다고 생각하면 그로 인해 반드시 갈등이 생길 수밖에 없습니다. 제로섬의 원리에 의해서 누군가 득을 보면 다른 누군가는 손해를 볼 수밖에 없는 것이 우리네 인생입니다. 또 누군가 승리의 기쁨을 만끽하면 다른 누군가는 패배의 쓰라린 고통을 감내해야 하는 상황에 처하게 됩니다. 그래서 전쟁의 신이라고 불리는 손자는 『손자병법』에서 가급적 전쟁을 하지 않고 이기는 부전승의 승리가 최상의 승리라고 했습니다. 또 싸우지 않고 이기는 것이 제일 좋으며, 모략을 통해 상대방에게 피해를 적게 하는 방법을 이용해서 승리를 일구는 것이 실익이 더 많다고 말을 합니다. 그렇습니다. 위기를 줄이기 위해서는 너무 승부에 집착하지 말아야 하고, 이기심을 버리고 상대방을 배려하며 양보하는 것이 최상입니다. 세상을 살다 보면 별의별 많은 성향을 가진 사람들을 대하게 됩니다. 극히 사소한 일에도 자기의 이익을 챙기기 위해서 절대 양보하지 않는 사람이 있는가 하면 자기 잘못이 빤히 보이는데 끝까지 자신의 잘못을 인정하지 않는 사람도 있습니다. 또 기득권을 빼앗기지 않기 위해서 자기의 권력에 대항하는 사람이나 자기 자리를 넘보는 사람이 있으면 철저하게 짓누르고 핍박을 일삼는 사람도 있습니다. 위와 같은 유형의 사람들이 전투적인 사람입니다. 이해타산을 따져서 자기가 손해를 볼 것 같으면 게임의 룰을 바꾸거나 약속을 파기하고 자기의 이익을 챙기는 사람도 있습니다. 그런 사람들은 공통적으로 이분법적인 성향을 가지고 있을 확률이 높습니다. 또 강자들의 틈바구니에서 살아남기 위해서는 자신이 강자가 되어야만 한다는 생각을 가지고 힘의 원리에 의해서 모든 사람을 재단하는 성향을 지녔습니다. 또 자기보다 강한 사람에게는 약한 모습을 보이고 자기보다 약한 사람에게는 강자의 위용을 유감없이 발휘하는 성향이 있습니다. 그런 사람은 제아무리 자기 스스로 위기관리를 잘해도 타인으로 인해 상상외로 큰 위기에 처할 확률이 높습니다. 노자의 『도덕경』에 "최고의 선은 물과 같다. 물은 만물을 이롭게 하나 더불어 다투지 않고 모두가 싫어하는 곳에 거할 줄 안다. 그래서 물은 도와 같다"는 말이 있습니다. 즉 물처럼 행동하는 사람이 최고의 선을 지닌 사람이고 그런 사람에게는 위기가 발생될 확률이 낮습니다. 물의 특성 중 위기관리 관점에서 역점을 두어야 하는 것은 바로 다투지 않는 속성입니다. 즉 다른 사람과 다투지 않으면 위기가 발생되는 것을 대폭 줄일 수 있습니다. 대부분의 위기는 다툼에서 생기는 경우가 많습니다. 다투는 것 자체가 위기입니다. 그러므로 아예 다툼이 생기지 않도록 싸움터에 가지 않는 것이 다툼을 피하는 최상의 방책입니다. 싸우려고 하는 사람도 상대가 없다면 싸울 수 없습니다. 그렇습니다. 다툼을 피하기 위해서는 일단 몸을 피해야 합니다. 노자는 "훌륭한 벼슬아치는 엄격해 보이지 않으며 잘 싸우는 사람은 화를 내지 않는다"고 했습니다. 또 "적을 잘 물리치는 사람은 냉정하며 결코 서두르지 않고 사람을 잘 쓰는 사람은 겸손하다"고 했습니다. 이것이 다투지 않는 덕이고 남을 부리는 힘입니다. 『한비자』에 신하가 군주에게 간언을 할 때에는 군주에게 신뢰를 얻은 상태에서 해야 한다고 말을 했듯이 새로운 리더에게 신뢰를 얻게 될 때까지 묵묵히 자신의 일을 하는 것이 위기를 줄일 수 있는 최상의 방법입니다. 특히 새로운 리더가 조직의 리더 경험이 많은 사람이라면 더욱더 자기의 속내를 숨기고 일정한 거리를 두면서 리더의 심기를 건드리지 않도록 신중을 기하는 것이 좋습니다. 그렇지 않고 자기가 가진 기득권이 있기에 새로운 리더를 우습게 본다거나 경계하지 않고 아무렇지 않게 대하는 것은 새로운 리더에게 밉보일 수 있습니다. 그러므로 새로운 리더가 민망해할 정도로 완전히 바닥을 기는 자세로 새로운 리더를 대하는 것이 자기의 안위를 오래도록 유지할 수 있는 묘책입니다. 한편조직의 리더 경험이 많은 사람일수록 별의별 사람을 대한 경험이 많고 사람의 성향에 따라 자기가 어떻게 요리를 해야 하는지를 몸으로익힌 사람이라고 할 수 있습니다. 그런 사람을 상대로 경험이나 연륜을 앞세워 신경전을 벌이는 것은 자기의 도끼로 자기의 발등을 찍는 형국과 같습니다. 만약의 경우 새로운 리더가 영악하고 자기 주도적으로 조직을 이끌어야 직성이 풀리는 리더십 스타일을 가졌다면 그간에 쌓아온 모든 것이 한 방에 훅 날아갈 우려가 있습니다. 조직의 주인은 오래도록 조직에 머문 사람의 것이 아닙니다. 또 힘이 강하고 인맥이 튼실한 사람이 조직의 주인이 아니라 조직의 리더가 조직의 주인이라는 사실을 망각하지 않아야 합니다. 그러므로 새로운 리더가 조직의 수장으로 왔다면 그에게 순종하는 모습을 보이는 것이 위기가 발생되는 것을 줄일 수 있는 길입니다. 그렇다고 해서 자기가 가진 모든 패를 다 드러내는 것은 역풍을 맞을 수 있으므로 주의해야 합니다. 또 공개해도 되는 자료나 혹은 당연히 리더의 몫이 되는 것들은 신속하게 리더에게 이관하는 것이 좋습니다. 아울러 자기의 위치를 유지하고 자기의 기초 기반을 지탱해주는 정보나 업무적인 노하우는 어느 정도 갈무리해두는 것이 만약에 벌어질 위기 상황을 위해서 꼭 필요합니다. 왜냐하면 심성이 나쁘고 조직원의 공을 가로채는 성향의 리더는 자기는 성장하고 조직원을 나락으로 떨어뜨리기 때문입니다. 조직생활의 알파이자 오메가는 직장상사입니다. 즉 직장상사와 어떤 관계를 형성하고 직장상사에게 얼마나 신뢰를 얻느냐에 따라서 직장생활의 희비가 결정되게 됩니다. 왜냐하면 직장상사가 부하직원 직장생활의 생살여탈권을 가졌기 때문입니다. 그러므로 새로운 리더에게 이익이 되고 도움이 되는 일에 관심을 갖고 충성심을 발휘하는 것이 좋습니다. 또 신경전과 탐색전을 벌이기보다는 처음부터 자세를 낮추는 것이 조직에서 오래도록 살아남을 수 있는 비결입니다. 또 새로운 리더의 리더십 스타일을 빨리 파악해서 그 스타일에 맞춰서 업무를 처리해야 합니다. 사람이 사는 세상에서는 사람이 바뀌면 그 바뀌는 사람 수에 상응하는 정도의 갈등이 생깁니다. 사람이 바뀌는 것은 단순히 물건이 바뀌는 것과 크게 다릅니다. 물건이 바뀌면 용도만 바뀔 뿐 크게 다를 바가 없지만 사람이 바뀌는 것은 그 사람과 관계된 모든 것이 바뀌고 그 사람에게서 비롯되는 말과 행동으로 인해 조직 분위기가 크게 바뀌게 됩니다. 그래서 위기가 발생되는 것을 미연에 방지하기 위해서는 사람이 바뀔 때에는 어느 정도 긴장해야 한다는 것이지요. 아니 그 긴장의 마음까지 내려놓고 변화되는 환경에 다소곳이 순응하는 것이 위기를 줄이는 최선의 방책입니다.

10

잘나가도
위기

위기가 발생되는 횟수나 주기를 줄이기 위해서는 타인의 시선을 의식하며 생활하는 것도 도움이 됩니다. 즉 자기가 하고 싶은 대로 말하고 행동하기보다는 남의 입장을 생각해서 신중하게 말하고 행동하는 것이 위기가 발생되는 것을 줄이는 비결 중 하나입니다. 어떤 사람은 굳이 남의 시선을 의식하면서 생활해야 하느냐고 볼멘소리를 하지만 더불어 함께 생활하기 위해서는 어느 정도 남의 시선을 의식하면서 생활하는 것이 맞습니다. 왜냐하면 사람들은 누군가 자기가 말하고 행동하는 것을 지켜보고 있다고 생각하면 본능적으로 함부로 말하거나 무책임한 행동을 하지 않기 때문입니다. 더불어 자기가 하는 행동을 다른 사람이 유심히 지켜보고 있으면 최대한 자기를 잘 보이기 위해서 신중하게 말하고 행동하는 경향이 있습니다. 경우에 따라서는 자기를 과시하기 위해 일부러 과격하게 행동하는 사람도 있지만 대부분의 보통사람은 타인의 시선을 의식해서 경거망동하지 않고 신중하게 행동합니다. 호손의 실험에서 알 수 있듯이 사람들은 누군가 자신이 하는 행동에 관심을 보이면 가급적 평소보다 잘 보이고 싶어 하는 경향을 보입니다. 참고로 호손의 실험은 미국의 웨스턴 일렉트릭 회사의 호손 공장에서 행한 사회 심리학 실험인데 이 실험에서 작업 능률은 객관적인 작업 조건보다는 인간관계나 관심과 같은 요인에 의해 크게 좌우된다는 사실을 발견했습니다. 이처럼 사람은 누군가 보고 있으면 더 잘하려고 합니다. 또 누군가가 자기가 하는 일을 보고 있다는 것 자체로 자기가 타인에게 인정을 받고 있다고 생각합니다. 하지만 한편으로는 남의 시선이 부담이 되어서 자기가 하고 싶은 것을 맘껏 하지 못하거나 남의 시선을 너무도 의식한 나머지 자기가 가진 능력을 최대한 발휘하지 못하는 경우도 있습니다. 필자가 위기 발생의 빈도수를 줄이기 위해서 남의 눈을 의식해야 한다는 말의 의미에는 자기가 하는 말과 행동을 남이 보고 있다는 생각을 가지고 보다 올바르게 처신해야 한다는 의미가 내포되어 있습니다. 자기가 하는 것을 남에게 자랑하거나 남의 시선을 의식해서 일부러 잘하려고 하는 것을 말하고자 하는 것이 아닙니다. 즉 도덕적이고 양심적이며 기준과 원칙을 준수하는 범주 안에서 남의 시선을 의식해야 한다는 말이지요. 일례로 남이 보거나 감시 카메라가 있으면 교통신호를 지키지 않는 사람도 신호를 잘 지키는 경향이 있습니다. 이처럼 남이 보지 않으면 습관적으로 그릇된 행동을 하는 사람들은 그로 인해 위기가 발생될 수 있으므로 스스로 혼자 있어도 그릇됨이 없는 신독의 생활이 몸에 익을 수 있도록 신중하게 행해야 합니다. 특히 다른 사람의 간섭을 받지 않고 자기 주도적으로 자유롭게 생활할 수 있는 위치에 있는 사람이라면 더욱더 남들이 자신의 일거수일투족을 모두 보고 있다는 생각으로 신중하게 처신해야 합니다. 그렇지 않고 그 어느 누구도 자신이 하는 행동에 대해서 질타를 할 사람이 없다는 생각으로 자만한다면 그로 인해 반드시 위기 상황에 처하게 될 것입니다. 그렇다고 모든 상황마다 남의 시선을 의식할 필요는 없습니다. 사실 사람들은 자기와 관심 있는 것에 신경을 쓸 뿐 자기와 무관한 일에는 관심을 두지 않는 경향이 있습니다. 주변에 사람이 죽어가도 자기와 전혀 무관한 사람이면 그다지 신경을 쓰지 않는 것이 일반적인 속성입니다. 그러므로 바르고 옳은 일이라면 굳이 남의 시선을 의식하지 말고 기세등등하게 행하는 것이 좋습니다. 필자의 남의 시선을 의식해서 처신해야 한다는 말에는 자기가 처신하기 전에 남의 시선을 의식해서 옳고 그름을 판단해야 한다는 의미가 담겨 있습니다. 즉 남들이 보기에 객관적으로 옳지 않다고 생각되는 행동은 하지 않는 것이 위기를 자초하지 않는 길입니다. 대부분의 위기는 독단적으로 행할 때 생기는 경우가 많습니다. '삼인행필유아사'라는 말이 있듯이 모든 일을 행할 때 자기의 주관적인 생각으로 독단적인 행동을 하기보다는 다른 사람들의 의견을 들어봐서 옳고 그름을 따진 연후에 행한다면 자신이 감당하기 힘든 위기는 발생하지 않을 것입니다. 아울러 이러한 류의 위기가 발생되지 않게 하기 위해서는 경제적으로 안정된 생활을 해야 합니다. 지식자본주의하에서는 지식과 자본이 많으면 많을수록 위기가 발생되는 것을 줄일 수 있습니다. 왜냐하면 지식과 자본이 많으면 자기가 하고 싶은 것을 할 수 있기 때문입니다. 즉 경제적으로 풍족하면 자유의 폭을 더 넓힐 수 있습니다. 대부분의 심리적인 스트레스는 자기가 하고 싶은 것을 마음대로 하지 못하는 데에서 발생합니다. 억압과 통제, 그리고 감시하에 있으면 심리적이고 정신적으로 스트레스를 많이 받게 됩니다. 그래서 많은 사람들이 일상의 스트레스 상황에서 벗어나 여행과 산책을 합니다. 그 이유는 잠시 억압된 삶에서 벗어나 자유를 만끽하기 위해서입니다. 마찬가지로 지식과 자본이 많으면 많을수록 자유를 즐길 수 있는 여지가 많아집니다. 그래서 부를 축적하고 지식을 쌓는 것은 일련의 자유를 획득하기 위한 것에 있다고 해도 과언이 아닙니다. 사실 돈이 많으면 돈이 없을 때 하고 싶었던 것을 마음대로 할 수 있습니다. 이에 더하여 지식이 많으면 그 지식을 이용하여 돈의 가치를 더 높일 수 있습니다. 즉 지식이 많으면 많을수록 동일한 조건에서 동일한 금액을 지출하더라도 보다 효율적이고 효과적으로 지출할 수 있습니다. 그래서 부를 축적하면서 지식도 쌓아야 합니다. 사노라면 돈의 위기가 반드시 옵니다. 현실에 안분지족하면서 낙천적이고 여유롭게 사는 사람도 결국에는 돈의 위기에 처하게 됩니다. 극단적으로 말해서 기본적인 의식주 생활을 영위하기 위해서는 필연적으로 충분한 자본이 있어야 합니다. 속세를 떠나 사는 사람도 건강한 신체를 유지하고 인간이 누려야 하는 가장 기본적인 생활을 하기 위해서는 필연적으로 일정액의 자본이 들어갑니다. 돈이 있어야 행복한 삶을 영위할 수 있다는 것은 누구나 아는 사실입니다. 물론 돈이 너무 많아도 탈이라고 말하는 사람도 있는데 그것은 돈을 제대로 사용하지 못하기 때문에 빚어지는 문제이며, 결코 돈이 많은 것이 불운을 초래하는 경우는 극히 드뭅니다. 결과적으로 부족한 것은 넘치는 것과 동일하다고 말을 하지만 돈의 측면에서는 통하지 않는 말입니다. 즉 돈은 부족한 것보다 넘치는 것이 좋습니다. 단 넘치는 돈을 보다 효과적이고 효율적으로 사용할 수 있는 지혜를 지녀야 합니다. 그렇지 않으면 넘치는 돈에 파묻혀 오히려 돈으로 인해 불행한 상황에 처하는 위기에 처하게 됩니다. 단 하루라도 돈 걱정 없이 자기가 쓰고 싶은 만큼 펑펑 쓰고 싶다는 사람도 있습니다. 매일 돈에 쪼들려서 살아본 사람은 돈이 주는 위기가 얼마나 많은 근심과 걱정을 주는지를 압니다. 오죽하면 사채를 쓴 사람이 사채업자의 독촉 때문에 스스로 목숨을 버리는 사건이 발생하겠습니까. 그만큼 지식자본주의 시대에는 돈이 우리 생활에 미치는 영향은 매우 큽니다. 요즘은 돈이 없으면 아예 숨도 제대로 쉴 수 없는 처지가 됐습니다. 어떤 때에는 돈의 노예가 된 느낌이 들 때도 있는데 이것은 필자만의 생각은 아니라고 봅니다. 사실 돈의 위기는 우리 생활 속에 상존해 있습니다. 돈이 부족하면 부족해서 위기이고 돈이 많으면 많아서 위기입니다. 그렇다고 해서 돈에 너무 집착한 생활을 하면 인심을 잃어서 주변에 사람이 떠나가는 불행을 겪을 수 있습니다. 그래서 어떤 사람은 돈보다 사람을 먼저 생각합니다. 조선시대의 거상 임상옥이 돈을 벌기 위해서는 먼저 사람의 마음을 얻어야 한다고 말을 했듯이 돈을 모으기 위해서는 결과적으로 사람을 모으는 것이 본질적으로 맞습니다. 그런데 사람을 모으는 것도 돈이 있어야 하니 이것도 딜레마가 아닐 수 없습니다. 우리는 돈이 없으면 사람 구실도 제대로 할 수 없는 세상에 살고 있습니다. 그러므로 평소에 돈의 위기가 초래하지 않도록 돈의 위기에 대비하여 부를 축적하는 데 정성을 들여야 합니다. 그렇다고 해서 온통 돈으로 점철된 삶을 사는 것도 문제가 될 수 있으므로 적정하게 돈에 대한 위기를 생각하면서 소득과 지출에 관심을 가져야 합니다. 『성서』에 부자가 천국에 가는 것은 낙타가 바늘구멍을 통과하는 것보다 더 어렵다는 말이 있습니다. 그만큼 돈이 많은 부자가 되면 악행을 많이 행하기 때문에 부자일수록 천국에 들기 위해서는 더욱 많은 선행을 베풀어야 한다는 의미가 내포되어 있습니다. 단순히 부자가 천국에 가는 것이 어렵다는 것을 말하는 것이 아닙니다. 또 『성서』에 99섬 가진 사람은 100섬을 채우기 위해서 1섬을 가지려고 한다는 말이 있을 정도로 부에 대한 욕심은 부가 쌓일수록 더 커집니다. 인간의 본능적인 욕구에 재물 욕구가 있을 정도로 사람들은 재물에 대한 욕심이 많습니다. 왜냐하면 돈이 많으면 많을수록 앞서 말을 했듯이 자기가 하고 싶은 것을 마음대로 할 수 있는 자유의 폭을 넓힐 수 있고 자신의 명예 욕구도 채울 수 있기 때문입니다. 간혹 부자들이 노블레스 오블리주를 몸소 실천하지 못해서 스스로 명예를 갈 귀 먹는 경우도 있지만, 일반적으로 돈이 많으면 명예가 올라가는 것은 사실입니다. 또 아무리 명예가 높다 해도 돈이 없으면 갖고 있는 명예마저 오히려 자기의 삶을 피폐하게 만드는 암적 존재가 되기도 합니다. 그만큼 돈이라는 것은 지식자본주의하에서는 공기와도 같습니다. 그런데 아이러니한 것은 그렇게 돈의 소중함을 알면서도 모두가 부자가 되지 못하는 것은 왜일까요? 또 돈에 대한 욕심 때문에 목숨까지 잃는 경우는 왜 발생되는 것일까요? 또 늘 돈을 많이 버는데도 늘 부족한 것은 왜일까요? 돈이라는 것을 생각하면 참으로 아이러니한 딜레마에 빠지는 경우가 많습니다. 이유야 어떻든 돈이 없는 것보다 많은 것이 더 좋지 않을까 싶습니다. 요즘 서점에는 주식이나 재테크 분야 책이 많이 팔리고 있습니다. 지적인 충족감을 높여주는 인문학이나 고전보다는 돈을 버는 방법에 대한 책에 사람들의 관심이 쏠리고 있습니다. 그만큼 사람들이 돈에 대한 욕구가 많다는 방증입니다. 모든 생활의 골격이 되고 기본이 되는 것이 돈이라는 것을 많은 사람들이 공감하고 있다는 것이죠. 그렇다면 어떻게 하는 것이 돈을 모으는 비결일까요? 앞서 거상 임상옥의 말처럼 돈을 쫓지 말고 사람을 쫓아야 돈을 모을 수 있을까요? 그런데 돈이 돈을 벌기 때문에 돈이 없으면 돈을 벌기도 어려운 것이 현실입니다. 씨앗을 뿌려야 열매를 수확할 수 있는데 씨앗을 구입할 돈도 없고 씨앗을 파종할 수 있는 토지도 없으니 참으로 걱정이 아닐 수 없습니다. 돈을 버는 가장 쉬운 비결 중 하나는 소득 대비 지출을 줄이는 것입니다. 들어오는 돈보다 나가는 돈이 많으면 돈이 모이지 않는 것은 당연합니다. 반대로 나가는 돈이 적고 들어오는 돈이 많으면 시간이 지날수록 돈이 많아지게 됩니다. 그 당연한 사실을 가난한 사람은 모르는 것일까요? 모두가 빈손으로 와서 빈손으로 가는 것이 인생인데 어떤 사람은 태어나자마자 거액의 재산을 상속받고 어떤 사람은 거액의 빚더미를 안고 태어나는 것일까요? 그런 것을 보면 참으로 불공평한 세상이 아닐 수 없습니다. 하지만 그것이 명백한 현실입니다. 그러한 현실을 부정할 수는 없습니다. 그것이 불공정하며 반칙이라고 생각하는 사람은 돈을 모을 수 없습니다. 그것이 당연한 사실이고 현실이라는 것을 자연스럽게 받아들여야 합니다. 어떤 사람은 자식들에게 부를 물려주면 돈도 잃고 자식도 잃는다고 하지만 기본적으로 돈 걱정하지 않고 자신의 뜻을 펼칠 수 있을 정도의 씨앗이 되는 돈은 최소한 유산으로 남겨준다는 명분으로 근검절약하면서 돈을 모으는 것이 좋습니다. 공자는 『논어』에서 명분이 바르지 않으면 떳떳하지 못하고 말이 떳떳하지 못하면 일을 이룰 수 없다고 말합니다. 그렇습니다. 같은 일을 해도 어떤 명분을 가지고 일을 하는가가 매우 중요합니다. 왜냐하면 결국은 그 일을 통해 얻고자 하는 최종 결과가 어떤 명분을 가지고 있는가에 따라 달라지기 때문입니다. 이익을 봐야 한다고 생각하면서 일을 하는 사람은 모든 것을 이익 기준으로 판단합니다. 또 이익보다는 정의와 도의에 입각해서 정당하게 일을 해야 한다고 생각하는 사람들은 일을 하는 과정에서 갈등이 생길 때 의로움을 기준으로 판단합니다. 이처럼 어떤 목적을 두고 일하고 일을 하는 과정에서 어떤 의미를 부여하는가에 따라 일의 과정과 결과가 달라지게 됩니다. 그러므로 위기가 발생되지 않게 하기 위해서는 이익을 추구하되 사익보다 공익을 우선시하고 가급적이면 이익보다는 뚜렷한 명분을 가지고 일에 임해야 합니다. 물론 이익과 명분을 두루 갖추었다고 해도 계속 승승장구하는 것은 아닙니다. 만물이 극에 달하면 쇠한다는 말이 있듯이 오르고 올라 최정상에 오르면 결국은 내려오는 길밖에 없습니다. 그것이 세상 흐름이고, 순리입니다. 그러므로 위기가 발생되는 것을 예방하기 위해서는 극에 달하거나 마음이 들떠 있을 때 항상 조심하고 경계해야 합니다. 잘나가면 그 잘나가는 상태를 지속 유지하기만 해도 좋은데, 더 잘나고 싶은 욕망의 덫에 걸려 무리수를 두는 경우도 있습니다. 그런데 위기를 자초하지 않기 위해서는 안정되면 그 안정된 상태를 유지하려고 애써야 합니다. 아울러 그 안정된 상태가 지속되더라도 지루해하거나 권태감을 느끼지 말고 그 자체를 즐기는 생활을 해야 합니다.

THREE

TUNNELS

2장

준비의
굴

01

준비의 주춧돌,
성찰

THREE ≡ TUNNELS

위기가 발생되는 것을 줄이기 위해서는 자신의 실수에 대해서 반성하고 회개하며 성찰해야 합니다. 만약 불법을 자행하고도 운이 좋아 적발되지 않았다고 해서 그것에 대해서 반성과 성찰을 하지 않는다면 또다시 그러한 실수를 반복할 확률이 높습니다. 또 꼬리가 길면 걸린다는 말이 있듯이 언젠가는 불법 행위가 적발되어 큰 위기에 처할 수도 있습니다. 사노라면 아차 하는 순간이 있기 마련입니다. 또 본의 아니게 실수하는 경우가 생기게 됩니다. 그럴 때는 그냥 넘기지 말고 스스로 자신을 성찰하고 반성하면서 자기 스스로 죗값을 치러야 합니다. 자신의 잘못을 뉘우치고 자신의 실수에 대해서 뼈저리게 반성하지 않으면 다시금 그런 실수나 잘못을 할 확률이 높습니다. 방귀가 잦으면 변을 보게 된다는 말이 있듯이 작은 실수를 자주 하면 언젠가는 큰 실수를 하게 됩니다. 그러므로 큰 실수로 인해 위기에 처하는 상황이 발생되는 것을 미연에 방지하기 위해서는 실수를 복기하면서 통렬하게 자신을 반성해야 합니다. 매일 반성문을 쓰면서 들뜬 마음을 가라앉히고 조급한 마음을 잠재우는 것이 위기를 예방하는 길입니다. 와신상담의 고사성어에 나오는 구천과 부차는 원수를 잊지 않기 위해 가시나무 위에서 잠을 자고 쓸개를 씹으며 자신이 드나들 때마다 문지기가 원수를 잊지 않도록 말을 하게 했습니다. 마찬가지로 매일 아침 일어나 자신이 최고 맹점으로 가지고 있거나 혹은 자기 인생의 중대한 아킬레스건이 되는 것을 예방하는 차원에서 결의를 다지는 특별한 구호를 외치는 것이 좋습니다. 중대한 위기는 한순간의 방심에서 찾아오기 마련입니다. 그러므로 자신감을 가지고 위풍당당하게 사는 인생일수록 더욱 조심하고 매사 신중을 기해야 합니다. 자신이 잘나가는 것이 잘나가는 것이 아니고, 아무 일도 없이 평화로운 것이 평화로운 것이 아닙니다. 언제든 단 한 순간의 방심으로 인해 돌이킬 수 없는 큰 실수를 저지를 수 있다는 점을 명심해야 합니다. 위기는 사람을 구별하지 않고 때와 장소를 구분하지 않습니다. 착하다고 해서 위기가 오지 않는 것이 아니며 악하다고 위기가 오는 것도 아닙니다. 위기는 선악을 따지지 않습니다. 방심과 긴장의 끈을 놓는 순간 이미 위기가 올 수 있다는 것을 명심해야 합니다. 우리네 인생은 정말로 험난한 곳입니다. 주변 곳곳에 언제 습격할지 모르는 위기들이 산적해 있습니다. 그러므로 방심하면 늘 위기가 온다는 생각으로 위기를 생각하면서 긴장된 삶을 살아야 합니다. 위기가 닥쳤을 때 어찌하여 자기에게만 그런 위기가 오느냐고 하소연하면 아무런 소용이 없습니다. 또 어찌하여 자신에게 그런 위기가 찾아왔느냐고 볼멘소리를 해도 아무런 소용이 없습니다. 이는 엎질러진 물을 주워 담을 수 없는 형국과 같습니다. 중요한 것은 위기가 들어올 틈이 없도록 늘 위기 예방 차원의 생활을 하는 것입니다. 반성하고 성찰하는 시간은 자기를 강하게 단련하는 시간입니다. 진정으로 강한 사람은 남을 이기는 사람이 아니라 자기를 이기는 사람입니다. 자기에게 가장 많은 위기를 주는 사람은 바로 자기 자신입니다. 그러므로 위기가 오는 것을 줄이기 위해서는 가장 우선적으로 자기를 단련해야 합니다. 그래서 자기를 이기는 강한 사람이 되어야 합니다. 『도덕경』에 남을 이기는 자는 힘이 있는 사람이고 자기를 이기는 자는 강한 사람이라는 말이 있습니다. 자기를 이긴다는 것은 자기의 욕망과 본능적인 욕구를 절제하는 것에서 출발합니다. 자기가 하고 싶은 것이 있어도 사회적인 여건과 공익을 생각해서 사익을 취하려는 것을 절제하고 타인과 더불어 함께하는 마음을 갖는 사람이 진정으로 자기를 이기는 사람입니다. 또 자기를 이긴다는 의미에는 어떠한 상황에서도 주변 환경에 부화뇌동하지 않고 안정된 상태를 유지하는 것을 의미합니다. 맹자가 말하는 부동심의 마음을 가진 사람이 진정으로 자기를 이기는 사람입니다. 즉 감정적으로 행동하지 않고 사리분별을 판단해서 행동하는 사람이 자기를 이기는 사람입니다. 공자의 제자인 증자는 매일 세 가지를 반성했습니다. 다른 사람을 위해서 하는 일에 최선을 다했는지, 동료들과의 관계에서 신의를 다했는지, 또 배운 것을 행동으로 실천했는지를 매일 반성했습니다. 반성을 한다는 것은 마음을 가다듬고 다시 새롭게 시작한다는 것을 의미합니다. 또 반성을 한다는 것은 생각을 한다는 것이며, 돌이켜 과거를 회상한다는 것은 생각을 깊게 채굴하는 것과 같습니다. 단순히 목전에 닥친 주어진 현실만 생각하면서 사는 사람은 생각의 깊이가 얇습니다. 어제의 기억 그리고 그보다 훨씬 이전의 기억을 떠올리는 사람은 오늘만 생각하면서 사는 사람들보다 생각의 깊이가 깊다고 볼 수 있습니다. 생각의 깊이가 깊다는 것은 감정적으로 행하지 않고 이성적·합리적으로 행동하는 것을 의미합니다. 생각은 이성의 영역이며, 본능은 감정의 영역입니다. 즉 생각한다는 것은 이성적인 것이고, 본능적으로 행하는 것은 감정적으로 행한다는 것을 의미합니다. 객관적으로 따져봐도 이성적으로 행동하는 사람이 감정적으로 행동하는 사람보다 위기에 처할 확률이 낮습니다. 그만큼 깊이 있는 생각을 하는 것은 위기가 파고들 수 있는 틈새를 주지 않는 것이라고 할 수 있습니다. 생각하면서 살지 않으면 사는 대로 생각하면서 살게 됩니다. 즉 사는 대로 생각하는 것은 아무 생각 없이 사는 것과 다를 바 없습니다. 생각하면서 산다는 것은 자기 생각에 기인하여 자기 주도적으로 사는 것에 견줄 수 있습니다. 하지만 사는 대로 생각한다는 것은 이미 아무 생각 없이 행동한 이후에 생각하는 터라서 생각 자체가 투영되지 않는 삶을 사는 것이라고 할 수 있습니다. 당나라 태종 이세민은 사람이 자기 얼굴을 보려면 거울이 있어야 하고 군주가 자기의 허물을 알려면 반드시 충직한 신하가 있어야 하며, 군주가 만일 스스로 현인이나 성인이라고 여기고 신하도 정확한 의견을 제시하지 않으면 위험과 실패를 면하기 어렵다고 말을 합니다. 누구나 자신의 허물을 정확하게 바라볼 줄 아는 것은 아닙니다. 일반적으로 사람들은 자신의 부정한 행동을 정당한 행동으로 받아들이고 자기의 잘못에 대해서 관대합니다. 또 자기 눈의 들보는 보지 못하고 남의 눈의 티를 보는 데 급급한 경향이 있습니다. 또 자기의 잘못보다는 남의 잘못을 탓하고 심지어 객관적으로 봐도 자신에게 허물이 있는데도 불구하고 자신의 허물은 정당하고 남의 정당한 행동을 허물로 뒤집어씌우기도 합니다. 그런 사람의 곁에는 보이지 않는 적이 늘 상존해 있다고 봐야 합니다. 자기만 잘났다고 생각하는 사람은 타인의 입장을 전혀 고려하지 않을 공산이 큽니다. 또 자기의 성과는 침소봉대하여 크게 과시하고 타인의 장점은 단점으로 둔갑시켜 타인을 폄하하기도 합니다. 그러니 적이 많을 수밖에 없습니다. 사람은 누구나 자신의 노력에 합당한 대우를 받고 싶어 합니다. 또 자기 업적을 자랑하지 않는 사람에게도 인정의 나르시시즘을 받고자 하는 본능이 있습니다. 그런 까닭에 자기만 잘났다고 자랑거리를 내세우는 사람을 좋아할 사람은 아무도 없습니다. 그런 사람일수록 자기를 자랑하기보다는 타인을 통해 자신의 모습을 객관적으로 바라볼 수 있어야 합니다. 특히 부와 권력을 갖고 있는 사람이라면 더욱더 자신의 언행을 신중하게 돌아봐야 합니다. 또 자기의 사소한 말 한마디가 다른 사람들에게 치명적인 상처를 줄 수 있다는 것을 알고 언행에 신중을 기해야 합니다. 또 자랑을 하면 할수록 적이 더 늘어난다는 생각을 해야 하고, 타인에게 피해를 주는 행위로 인해 자신에게 위기가 닥칠 수 있다는 것을 인식하여 보다 겸손한 태도로 사람들을 대하는 것이 위기를 줄일 수 있는 최상의 처세입니다. 필자는 지금 이 순간 글을 쓰면서 필자의 생활에 위기가 있는지를 들여다봅니다. 이렇게 책을 쓰는 시간이 필자가 처해 있는 현실을 돌아보고 필자의 생활 전반에 위기가 없는지를 성찰하는 시간이기도 합니다. 그렇습니다. 위기가 발생되는 것을 줄이기 위해서는 정기적으로 자신의 삶을 돌아봐야 합니다. 가정에는 별일이 없는지 또 직장에서 위기가 발생될 여지가 없는지를 면밀하게 들여다봐야 합니다. 그래서 위기가 올 것 같은 일이 있다면 미리 제거하거나 위기가 발생되지 않도록 사전에 예방해야 합니다. 그것이 위기를 줄일 수 있는 최상의 길이고 그렇게 할 때 위기가 발생되는 것을 미연에 예방할 수 있습니다. 정기적으로 위기가 있는지를 살피는 것은 자기 생활을 성찰하는 것이고 그 자체가 위기를 제거해주는 역할을 합니다. 또 자신의 삶을 돌아보는 것은 자기 삶의 존재 가치와 의미를 갖게 되는 계기가 되고 그로 인해 삶을 더 의미 있고 가치 있게 살게 합니다. 그렇다고 해서 위기가 없는 삶이 가치 있고 의미 있는 삶이라고 단정하는 것은 아닙니다. 때로는 적정한 위기가 생활에 활력을 주기도 합니다. 하지만 그렇다고 위기를 일부러 조장할 필요는 없으며 정기적으로 위기가 있는지를 모니터링하면서 신중을 기한다면 더욱 의미 있고 가치 있는 삶을 살게 될 것입니다. 이때 정기적으로 모니터링을 해야 하는 사항은 자기와 가정 그리고 사회입니다. 우리네 삶을 크게 삼등분 하면 자기의 삶, 가족의 삶, 그리고 사회의 삶으로 나눌 수 있습니다. 자기의 삶에서는 자신의 정신적·물질적으로 강건한 삶을 살기 위해서 일정한 기준 대비 부족하거나 허약한 곳은 없는지를 살펴야 합니다. 특히 건강에 대한 사항은 제일 중요한 요소이기에 성인병 발생의 우려가 없는지 혹은 불규칙적인 생활로 인해 정신적으로 피폐한 삶을 살고 있는 것은 아닌지를 들여다봐야 합니다. 아울러 경제적인 측면도 자기의 삶에 미치는 영향이 크기 때문에 경제적으로 부족함이 없는 삶을 살고 있는지를 살펴봐야 합니다. 두 번째는 가족들의 삶입니다. 가족의 위기로 인해 자기 생활에 위기가 올 수 있습니다. 자기의 삶이 가족의 삶에 미치는 영향이 크고 가족의 삶이 자기의 삶에 미치는 영향이 큽니다. 그렇습니다. 자기의 삶과 가족의 삶은 일치된 삶입니다. 그러므로 부모와 형제 그리고 자녀들의 생활에 이상은 없는지 그들의 건강상태는 어떠한지 또 그들이 어떤 위기에 처해 있는지에 관심을 갖고 그들이 안정된 삶을 살 수 있도록 일정 부분 역할을 해야 합니다. 특히 자녀의 삶에 부모가 미치는 영향이 크다는 점을 생각해서 자녀들에게 귀감이 되는 부모의 모습을 보여야 하고 자녀라면 부모의 은혜에 보은하는 자세로 효를 실천해야 합니다. 마지막으로 사회적 측면의 모니터링은 자기가 자주 만나는 사람은 누구이고, 자주 가는 장소는 어디인지를 돌아봐야 합니다. 또 자기가 아닌 또 다른 자기가 되어 지극히 객관적으로 자신의 사회생활 전반을 들여다봐야 합니다. 그래서 자기의 삶에 나쁜 영향을 주는 사람과는 일정한 거리를 유지해야 하고 자신의 삶에 위기를 가져올 확률이 있는 사람은 아예 만나지 말아야 합니다. 특히 자신의 삶에 좋은 영향을 주는 사람은 자주 접해서 그 사람에게 서운함이 없도록 보은의 마음으로 대해야 합니다. 또 자기가 다른 사람들에게 선한 영향력을 줄 수 있도록 만나는 사람들에게 긍정의 기운을 전하는 사람이 되어야 합니다. 직장인의 경우에는 직장상사와 동료들과의 관계가 어떠한지를 들여다봐야 하고 자신의 자만으로 인해 상대방에게 좋지 않은 영향을 주는 것은 아닌지를 살펴야 합니다. 가장 큰 위기는 자기가 가장 사랑하는 사람에게서 오기도 합니다. 또 그 사람이 자기가 겪고 있는 위기를 극복하는 데 가장 큰 도움을 주기도 합니다. 그러므로 위기를 만들고 위기를 없애주는 것도 사람이라는 점을 인식하면서 만나는 사람에게 정성을 다하는 삶을 산다면 사회생활에서 빚어지는 위기는 대폭 줄어들 것입니다. 간혹 나이를 먹어가는 만큼 타인의 삶에 무게중심이 쏠리는 것이 위기를 줄이는 길인데 자신의 욕심을 채우기에 급급한 사람들을 대할 때가 있습니다. 욕심이 위기를 부릅니다. 위기의 천적은 욕심이라고 할 만큼 욕심으로 인해 위기에 빠지는 사람들이 많습니다. 위기 안에는 욕심이 가득 채워져 있고 욕심 안에는 위기가 늘 상존해 있습니다. 그래서 욕심을 줄이면 위기도 줄어듭니다. 그러기에 나이를 먹으면 먹을수록 자기의 성장에 도움을 준 사람들에게 보은의 마음을 가져야 하고, 자기가 보살펴야 하는 사람들의 삶에 도움을 주는 사람이 되어야 합니다. 우리네 인생은 언제 위기가 닥쳐올지 모르는 인생입니다. 인간이 전지전능해서 앞으로 무슨 일이 일어날 것인가를 예측할 수 있다면 얼마나 좋겠습니까? 그런데 앞으로 정확하게 무슨 일이 일어날지를 알 수 없는 것이 우리네 인생입니다. 물론 현재 하는 생활 패턴을 보면 앞으로 무슨 일이 일어날 것이라는 것을 어느 정도 예측할 수 있지만 그것도 예측일 뿐입니다. 즉 계획하고 상상했던 일이 완벽하게 일어나리라는 보장이 없습니다. 앞으로 무슨 일이 일어날 것인지를 정확하게 알 수 있다면 위기가 발생되는 것을 미연에 막을 수 있을 것인데 말이죠. 그럼에도 불구하고 위기가 발생되는 것을 예방하기 위해서는 자신의 삶을 예측하는 시간을 가져야 합니다. 매일 그날 하루의 삶을 예측하는 것도 좋고 1주일이나 1개월 단위로 자신의 삶을 예측해보는 시간을 갖는 것이 좋습니다. 사람들은 직장에서 기업 경영 전략을 세우고 생산계획이나 원가절감계획을 세우면서도 정작 중요한 자기 인생에 대한 계획이나 전략은 세우지 않는 경향이 있습니다. 특히 직장인의 경우에는 경영 전략이나 직장에서 운영되는 제반 계획이 자기 인생의 전략이나 계획이라는 착각 속에서 사는 사람들이 많습니다. 1년을 살든 10년을 살든 100년을 살든 간에 자기의 인생은 자기가 주도적으로 살아야 합니다. 자기 인생이 타인에 의해 좌지우지되는 우를 범하지 않기 위해서라도 자기 인생의 모든 것은 자기가 계획하고 설계하고 예측하는 그러한 삶을 살아야 합니다. 그런데도 불구하고 많은 사람들이 자기의 인생에 대해서 그리 크게 관심을 갖지 않습니다. 그것은 자신이 계획하고 전략을 세운다고 해서 자기의 인생이 자기의 뜻대로 되지 않는다는 사실을 너무도 잘 알기 때문입니다. 그래서 인생의 경륜이 더해질수록 자기 인생에 대한 계획이나 전략을 세우려고 하지 않습니다. 특히 정년 이후에는 그저 그간 다져온 것들을 잘 유지하면 된다는 생각으로 체념하며 사는 사람도 적잖습니다. 왜냐하면 자기가 아무리 용을 써도 안 되는 것은 안 된다는 것을 경험을 통해 몸으로 체득했기 때문입니다. 그래서 그런 고정관념에 쌓여 있는 사람일수록 새로운 도전에 나서려고 하기보다는 그저 주어진 현실에 만족하면서 평범한 일상을 살고자 하는 것이지요. 그냥 살아지는 인생은 없습니다. 살아가는 곳곳에 위기가 산적해 있는 만큼 위기가 언제 고개를 들지 모른다는 생각으로 늘 자신의 마음을 잃지 않도록 해야 합니다. 앞서 말했듯이 맹자는 사람들은 가축을 잃어버리면 찾으려고 하면서 자신의 마음을 잃어버리면 찾으려고 하지 않는다고 했습니다. 그래서 학문을 하면서 자기의 잃어버린 마음을 찾으라고 말하죠. 그렇습니다. 매일 어제를 반성하고 오늘을 설계하며 미래를 상상하는 것 자체가 자신의 마음이 다른 곳으로 도망가지 못하도록 붙잡아놓는 일련의 자아를 찾는 행위입니다. 매일 아침에 일어나 하루를 생각해보는 습관을 길들이기 위해서는 생활의 안정과 시간적인 여유가 있어야 합니다. 하루하루 일에 쫓기거나 시간이 촉박해서 늘 긴박한 생활을 하고 있다면 결코 그러한 시간을 가질 수 없습니다. 당장 발등에 떨어진 불을 꺼야 하는데 여유롭게 하루를 설계할 시간이 어디 있겠습니까. 그러므로 매일 아침 성찰과 생각의 시간을 갖기 위해서는 마음의 여유와 함께 하루를 남들보다 일찍 시작해야 합니다. 즉 여유로운 시간을 확보하여 그 시간에 반성과 성찰의 시간을 가져야 합니다. 그렇습니다. 꾸준히 하는 것이 매우 중요합니다. 단순히 생각날 때마다 한다거나 위기에 봉착할 위험이 있을 때만 하는 것이 아니라 매일 새벽 하루를 설계하는 시간을 의식적으로 가져야 합니다. 마치 국가적인 행사를 개최할 때 국민의례를 하듯이 어떠한 형식으로든 하루를 시작하는 의식을 치러야 합니다. 우리네 인생은 천년만년을 살 것 같지만 어찌 생각하면 참으로 찰나의 짧은 인생입니다. 오늘은 어제 세상을 떠난 이가 그토록 바라던 날이라는 말이 있듯이 오늘을 소중하게 생각하는 마음을 가지고 자신이 가진 역량을 다해서 정성스럽게 하루를 열어야 합니다. 하루가 모여 평생이 됩니다. 또 오늘 하루를 제대로 살지 않으면 그 언젠가 그에 대한 대가를 필히 치러야 합니다. 그렇게 볼 때 오늘 하루가 자기 인생의 평생이라고 할 수 있습니다. 하루하루를 의미 있게 보내려는 마음으로 반성하고 성찰하며 계획을 세우는 의식의 시간은 인생을 함부로 살지 않겠다는 약속의 의식입니다. 그런 사람에게는 위기보다는 기회가 더 많이 주어집니다. 평상시 습관적이고 무의식적으로 생활하던 사람도 위기에 처하면 자신의 생활에 대해서 심도 있게 생각하는 시간을 갖습니다. 그래서 그 순간이 기회가 되는 것이죠. 즉 위기에서 벗어나기 위해서 어떻게 해야 할 것인가를 심도 있게 생각하는 과정에서 그간에 생각하지 못했던 다른 것을 발견하게 되고 그것이 모태가 되어 새로운 기회를 맞게 됩니다.

02

준비의 초석,
기준과 원칙

THREE ⸺ TUNNELS

사노라면 원칙과 기준대로 사는 유연함이 없는 사람들을 대하는
경우가 있습니다. 곧이곧대로 자로 잰듯하게 생활하는 그런 사람을
보면 숨이 막힐 지경에 이르기도 합니다. 하지만 그런 사람이 장기적
으로 볼 때 위기가 발생될 여지가 적습니다. 즉 그런 사람은 모든 일
을 기준과 원칙에 의해서 판단하기 때문에 위기가 발생될 확률이 낮
습니다. 기준과 원칙에 준하여 생활한다는 것은 법과 원칙을 잘 지킨
다는 것을 의미합니다. 원칙은 지극히 당연하지만 실천이 어려운 측
면이 있습니다. 특히 대충 철저히 하는 것을 선호하거나 속전속결로
일을 처리하는 것을 선호하는 사람일수록 원칙을 자기 나름으로 해

석하는 경향이 있습니다. 즉 자기 스스로 하는 행동이 기준과 원칙에 부합하지 않다는 것을 알면서도 주어진 상황에서는 이를 지키지 않는 것이 지극히 당연하다고 자신을 합리화합니다. 그래서 남이 하면 불륜이고 자기가 하면 로맨스라는 말이 회자되는 것입니다. 객관적으로 따져볼 때 기준과 원칙을 지키는 것이 상식인데 닥친 상황으로 미뤄볼 때 자신이 기준과 원칙을 벗어나서 행동하는 것은 어쩔 수 없는 상황이라고 변명하는 것입니다. 하지만 위기가 발생되는 것을 줄이기 위해서는 그 어떤 경우에도 기준과 원칙을 어기지 않는 것이 좋습니다. 또 사회적으로 상호 약속해서 정해진 법과 기준을 잘 지켜야 합니다. 법을 지키지 않는다는 것은 사회질서가 혼란해진 것이고 국가 기강이 해이해진 것이라고 볼 수 있습니다. 그래서 법을 집행하는 사람은 공정과 상식에 의해서 인간존중과 상호 평등이라는 기본 이념을 가지고 법과 원칙을 지키지 않는 사람의 자유를 억압합니다. 정해진 기준과 원칙을 지킨다는 것은 자유롭게 행동하되 자기에게 주어진 책임과 의무를 다한다는 것을 의미합니다. 남에게 피해를 주지 않고 상호 약정된 기준과 원칙에 의해서 생활하는 사람은 그렇지 않은 사람에 비해 위기에 처할 확률이 낮을 수밖에 없습니다. 예절도 기준과 원칙의 범주에 포함됩니다. 공자는 『논어』에서 예에 맞지 않는 것은 보고 듣고 말하지 않으며 행하지 않아야 한다고 했습니다. 더불어 함께하는 세상에서 서로 공존 번영의 삶을 영위하기 위해서는 예절을 지키는 것이 꼭 필요합니다. 예절을 지킨다는 것은 묵시적으로 정해진 사회적 약속을 지키고 각자의 삶을 서로 존중해주는 것입니다. 그래서 우리는 예의범절이 바른 사람을 인덕이 있고 겸손하며 청렴한 사람이라고 말을 합니다. 법 앞에서는 모두가 평등하다는 말이 있듯이 예절과 예의를 지키는 것에는 예외가 있을 수 없습니다. 특별한 지위에 있다거나 경제적으로 많은 부를 누리고 있는 사람이라고 해서 예의와 예절의 범주를 벗어나 자기 독단적으로 살아갈 수는 없습니다. 예의의 사전적 정의는 존경의 뜻을 표하기 위해 예로써 나타나는 말투나 몸가짐을 의미합니다. 또 예절은 인간관계에 있어서 사회적 지위에 따라 행동을 규제하는 규칙과 관습의 체계를 말하며 예절의 형식은 생활방식이나 사고방식과 사회적 풍토에 따라 다른 양상을 보이기도 합니다. 특별히 예절을 지키지 않는다고 해서 법적인 처벌을 당하는 경우는 없지만 인간의 도리라고 하는 예절을 지키지 않는 것은 사회질서를 어지럽히는 단초가 되기도 합니다. 일반적으로 예의범절이 바른 사람은 사회적으로 약속된 규칙과 법규를 준수하는 반면, 무례하고 예절을 무시하는 사람은 규칙과 법규 위반을 밥 먹듯이 하는 경향이 있습니다. 사실 일상생활 속에서 발생하는 소소한 위기는 사회생활을 하는 과정에서 서로가 지켜야 하는 예의를 지키지 않아서 발생하는 경우가 많습니다. 특히 직장에서 상하 간에 지켜야 하는 예의를 무시하는 것은 조직의 근간을 뿌리째 흔드는 것이라고 할 수 있습니다. 또 차례로 줄을 서지 않거나 공공장소에서 소란을 피우는 행위 등 공중도덕을 지키지 않는 것은 사회적 분

위기를 혼란스럽게 하는 단초가 됩니다. 더불어 함께 사는 세상에서 결코 변하지 않는 진리는 세상에 공짜가 없다는 것입니다. 다른 사람에게 피해를 주면 그 피해가 곱절로 자신의 피해로 돌아가는 것이 세상 돌아가는 공식입니다. 간혹 자기가 쌓은 아성을 지키기 위해서 고의로 예절에서 벗어난 언행을 일삼는 사람도 있는데 그런 사람은 언젠가는 그에 합당한 불행을 겪게 될 것입니다. 앞서 기준과 원칙을 지키는 것이 위기를 줄이는 길이라고 했지만, 반드시 필연적으로 기준과 원칙을 지키는 것이 위기를 줄이는 것은 아닙니다. 우리네 삶은 정도만으로는 모든 위기를 막을 수 있는 삶이 아닙니다. 간혹 정도를 지키는 것이 오히려 위기를 불러오는 경우도 있습니다. 그러므로 정도만을 고집하기보다는 주어진 상황과 여건에 따라 유연하고 탄력적으로 임하는 것이 필요합니다. 손자는 『손자병법』에서 전쟁에서 승리하기 위해서는 정공법을 고집하는 것보다는 상황에 맞춰 기법을 발휘하는 것이 승리할 확률이 높다고 했습니다. 왜냐하면 정공법을 고집하다 보면 상대방이 어떻게 공격을 할 것이라는 것을 예측해서 역공을 가하기 때문입니다. 로마에 가면 로마법을 따르라는 말이 있듯이 여건과 환경이 변하면 그에 따라 변화를 도모하는 것이 상책입니다. 귤화위지라는 말이 있습니다. 이 말은 귤나무가 바다를 건너면 탱자나무가 된다는 말입니다. 즉 동일한 조건에서도 환경에 따라 다른 결과가 나올 수 있다는 것이지요. 그러므로 상황에 따라 물처럼 유연하게 움직이는 것이 위기를 줄일 수 있는 상책입니다. 사실 원칙 중심으로 사는 사람도 때로는 기준과 원칙을 벗어난 생활을 하는 경우도 있습니다. 중국 고전에 영웅으로 등장하는 지도자들은 후흑의 대가들이 많습니다. 남이 보는 앞에서는 원칙과 기준을 고집하면서 남이 보지 않는 곳에서는 권모술수를 발휘하는 그런 사람들이 오래도록 세상을 지배했습니다. 일반적으로 기준과 원칙은 수많은 시행착오를 겪는 과정에서 정립된 하나의 규율입니다. 즉 객관적으로 볼 때 기준과 원칙을 지키는 것이 시행착오를 겪을 확률이 낮을 뿐이지 그것이 반드시 완전한 해답은 아닙니다. 그러므로 타인에게 손해나 피해를 주지 않는 것, 주어진 상황에 따라 시의적절하게 임기응변의 처세를 하는 것이 위기를 줄일 수 있는 최상의 방책입니다. 규칙이나 규율을 어기면 그로 인해 위기가 올 확률이 높습니다. 규칙은 사회 구성원 모두가 다 같이 지키기로 정한 법칙이나 제정된 질서를 의미합니다. 또 헌법이나 법률에 입각하여 정립되는 제정법의 형식으로 입법, 사법, 행정의 각 부에서 제정된 법을 말하기도 합니다. 또 규율은 질서나 제도를 유지하기 위하여 정해놓은 행동의 준칙이 되는 본보기를 말합니다. 이러한 규칙이나 규율은 더불어 함께하는 사람들에게 피해를 주지 않고 공공의 이익을 위해서 필연적으로 지켜야 하는 사항입니다. 통상적으로 규칙이나 규율을 잘 지키는 사람을 우리는 원칙적으로 생활하는 사람이라고 말하고, 이에 반하는 사람은 비도덕적인 사람이라고 말을 합니다. 규칙이나 규율을 어기면 그에 상응하는 징계나 처벌을 받아야 합니다. 그런데 규칙이나 규율을 잘 지켰다고 해서 특별히 보상이 따르지는 않습니다. 왜냐하면 모든 사람이 당연하게 지켜야 하는 것이기 때문입니다. 대신에 규칙이나 규율을 어기는 사람에게는 그에 상응하는 대가를 치르게 합니다. 대부분의 규율이나 규칙을 준수하는 이유 중 하나는 처벌을 받지 않기 위해서입니다. 사실 개개인이 자신의 본분을 다한다는 의미에는 사회 통념상 지켜야 하는 규칙이나 규율을 잘 지킨다는 의미가 내포되어 있습니다. 한마디로 말해서 기본을 잘 지킨다는 의미가 종합적·함축적으로 내포되어 있습니다. 그래서 우리는 그러한 사람을 모범적인 사람 혹은 준법정신이 투철한 사람이라고 말을 합니다. 사실 법을 잘 지킨다는 것은 자기의 이익보다는 공익을 위한다는 의미가 담겨 있습니다. 규칙이나 규율을 지키는 것은 때로는 부자연스럽고 불편함을 주기도 합니다. 특히 자유분방하고 자기 뜻에 따라 무절제한 삶을 사는 것을 선호하는 사람일수록 법과 원칙에 따라 행동하는 것을 불편하게 생각합니다. 그래서 규칙과 규율을 잘 지키는 사람을 고리타분한 사람 혹은 융통성이 없는 사람이라고 폄하합니다. 이에 반해 규칙이나 규율을 잘 지키는 사람들은 일정한 형식과 프로세스가 주어지기 때문에 오히려 편하다고 말합니다. 사실 규칙이나 규율이 몸에 배어 있으면 이로 인해 안정된 생활을 할 수 있습니다. 규칙이나 규율이 불편하다고 말하는 사람은 규칙이나 규율이 주는 편안함을 느껴보지 못한 사람입니다. 자유에는 책임이 따른다는 말이 있습니다. 이 말은 자유를 만끽하려면 그에 따른 책임도 감당해야 한다는 말입니다. 즉 자유를 만끽하기 위해서는 규칙이나 질서 등 자기가 지켜야 하는 것을 지키고, 이를 어겼을 때에는 응당 그에 따른 책임을 떠안아야 합니다. 규칙과 규율은 강제나 억압이 아닌 안정과 편안함을 주는 요소입니다. 사람마다 각각 개성을 지녔기에 동일한 조건과 상황에서 다른 행동양식을 보입니다. 십인십색의 수많은 사람의 개성에 맞춰 일일이 규칙과 규율을 정할 수는 없습니다. 그래서 다수의 사람들이 객관적이고 상식적으로 생각하는 수준에서 법과 원칙을 정합니다. 그것이 잘 지켜지고 준수되는 사회가 안정된 조직이고, 평등과 정의가 실현되는 사회입니다. 간혹 정해진 규칙과 규율이 사람들의 창의성을 저해시키고, 획일화시킨다는 단점도 있습니다. 하지만, 사회적인 여건을 감안하지 않고 공중도덕에 어긋나는 창의성은 오히려 사회에 악영향을 준다는 측면을 생각하면 그것이 결코 옳은 말은 아닙니다. 즉 법과 원칙의 테두리 안에서 창의성이 발휘되어야 합니다. 그런데 모든 사람들이 지켜야 하는 가장 기본적인 공중도덕이나 에티켓을 지켜야 하는데 그렇지 않은 사람도 있습니다. 인간으로서 가장 기본적으로 행해야 하는 사항이나 가장 기초적으로 준수해야 하는 사항을 잘 지키는 것이 올바른 사회 분위기를 형성하는 기준이 됩니다. 대부분 위기가 발생되는 경우를 보면 가장 기본적으로 지켜야 하는 것들을 지키지 않아서 생기는 경우가 많습니다. 직장인이면 직원으로서 가장 기본적으로 지켜야 하는 것들을 지켜야 하고, 사회생활을 하기 위해서는 공동의 이익을 추구하기 위해서 다른 사람들에게 피해나 손해가 가지 않도록 가장 기본적으로 지켜야 하는 것들을 지켜야 합니다. 그러한 것들을 지키지 못할 경우에는 크고 작은 위기가 발생될 확률이 높죠. 특히 지위가 높거나 사회적으로 높은 위치에 있는 사람이라면 사회 통념상 가장 기본적으로 지켜야 하는 것들을 잘 지켜야 합니다. 그렇지 않고 지위가 높고 돈이 많다고 보통 사람들이 지키는 것들을 지키지 않거나 특권의식과 우월감에서 기본적으로 지켜야 하는 것들을 지키지 않을 경우에는 아주 사소한 것으로 인해 치명적인 상처를 입을 수 있습니다. 그러므로 특권의식을 버리고 모든 사람들이 공통적으로 지켜야 하는 사회적 규범이나 에티켓은 기본적으로 준수하는 생활을 하는 것이 바람직합니다. 지위가 높아서 혹은 권력의 중심에 있기 때문에 기본적으로 지켜야 하는 소소한 것을 지키지 않는 것을 당연시하는 사람이라면 결정적인 상황에서 그러한 것들이 발목을 잡을 수 있다는 생각을 해야 합니다. 보기에 따라 아무것도 아니라고 생각하는 것이 사회적 이슈로 부각되면 그것이 발목을 잡는 아킬레스건이 된다는 사실을 알아야 합니다. 그러므로 특별한 위치에 있거나 사회적으로 지위가 높은 사람이라면 더욱더 솔선해서 타의 귀감이 되어야 하고, 마땅히 지켜야 하는 것들을 잘 지켜야 합니다. 사소한 것을 지키지 않고 소소한 규칙을 위반하는 것이 특권이 아닙니다. 또 모든 사람들이 지켜야 하는 기본적인 규칙이나 법규를 지키지 않는 것이 특권이 아닙니다. 특별한 사람들에게 오는 위기는 특별합니다. 보통사람이 소소한 것을 어기면 그다지 이슈가 되지 않지만 극히 미미하고 소소한 것이라고 해도 특별한 위치에 있는 사람이 이를 어기는 것은 사회적인 이슈가 되어서 큰 위기를 가져오게 된다는 것을 알아야 합니다.

변신은
준비의 흑기사

THREE ≡ TUNNELS

위기를 극복하기 위해서는 가장 먼저 위기를 위기로 인지하는 것이 매우 중요합니다. 객관적으로 보기에도 위기라고 생각되는데 자기의 주관에 따라 위기를 위기라고 생각하지 않는다면 그것이 가장 큰 위기입니다. 즉 위기를 위기라고 생각하지 않는 것이 위기를 맞는 것보다 더 큰 위기라는 것이죠. 왜냐하면 위기를 위기로 인지하면 초기에 손을 쓸 수 있지만 위기를 위기라고 생각하지 않으면 호미로 막을 일을 가래로도 막지 못하는 상황에 처할 수도 있기 때문입니다. 그러므로 위기를 극복하기 위해서는 위기를 인지할 수 있는 감각을 키워야 하고, 그래서 위기라고 인지하는 순간 즉시 자기의 생활 패턴에 변화를 가해야 합니다. 그렇습니다. 위기를 극복하기 위해서 가장 먼저 취해야 하는 것은 자기 생각의 틀을 깨는 것입니다. 생각이 바뀌면 행동이 바뀌고 행동이 바뀌면 습관이 바뀌며, 습관이 바뀌면 운명이 바뀝니다. 즉 생각을 바꾸는 것만으로도 자기의 운명을 바꿀 수 있을 정도로 생각이 우리 생활에 미치는 영향은 매우 큽니다. 플라시보 효과처럼 긍정적이고 희망적인 생각을 가지면 긍정적이고 희망적인 결과를 자아내고 부정적인 생각을 가지면 부정적인 결과를 자아냅니다. 생각을 바꾼다는 것에는 생활 패턴을 바꾸겠다는 결의가 담겨 있습니다. 즉 단순히 생각을 바꾸는 것에 그치지 않고 그 바꾼 생각으로 자기 생활의 패턴이 바뀔 때 진정으로 생각이 바뀐 것입니다. 그렇습니다. 단순히 생각을 바꾸는 것은 위기를 극복하는 데 아무런 도움이 되지 않습니다. 바뀐 생각을 토대로 행동하는 것이 무엇보다 중요합니다. 그래서 생각을 바꾼다는 것에는 생활 패턴을 바꾸겠다는 의지가 담겨 있다고 볼 수 있습니다. 왜냐하면 바뀐 생각에 따라 전과 다른 행동을 하게 되고 그 행동으로 말미암아 생활 패턴이 바뀌기 때문입니다. 일례로 매일 지각을 해서 근태 불량으로 인해 징계를 받을 위기에 처했다면 출근 시간을 바꾸겠다는 생각과 함께 출근 시간을 앞당기는 실천이 수반되어야 합니다. 단순히 지각을 하지 않겠다는 생각으로는 부족하다는 것이지요. 특히 직장인의 경우에는 출근 시간이 바뀌면 생활 패턴이 크게 바뀝니다. 또 출근 시간이 바뀌면 만나는 사람들이 달라집니다. 8시에 출근하면서 만나는 사람과 6

시에 출근하면서 만나는 사람은 다릅니다. 특히 남들이 한참 잠을 자고 있는 새벽 시간대에 출근하면 부지런함이 몸에 밴 사람들을 주로 만나게 됩니다. 해가 중천에 이르도록 늦잠을 자는 게으른 사람들은 차마 상상도 할 수 없을 정도로 부지런한 사람들이 많다는 것을 알게 됩니다. 그래서 시간의 패턴을 달리한다는 것은 한편으로 생각하면 종전과 딴 세상을 사는 것과 같습니다. 엄밀하게 말하면 우리네 삶은 시간이 만들어내는 작품입니다. 주로 밤에 일하는 사람과 낮에 일하는 사람의 시간 패턴은 다릅니다. 이는 주로 낮에 활동하는 동물과 밤에 활동하는 동물의 생활 패턴이 다른 것과 동일한 이치입니다. 물속에 사는 물고기와 육지에 사는 동물은 감각기관과 생식기관이 각기 다릅니다. 이와 마찬가지로 시간의 패턴을 바꾸는 것은 생활 패턴을 포함하여 감각기관과 생식기관의 작용에도 영향을 미치게 됩니다. 그러기에 생각을 바꾸고 시간을 바꾸고 생활 패턴을 바꾸는 것은 삶의 패턴을 바꾸는 것이라고 할 수 있습니다. 지극히 사소한 생각과 시간의 패턴 변화가 결과적으로 생활 전반에 영향을 미치고 그로 인해 자기 삶이 바뀌게 되는 것이죠. 필자가 위기의 징후가 있거나 위기가 발생되었을 때 가장 우선적으로 생각과 시간의 패턴을 바꾸라고 하는 이유가 여기에 있습니다. 남들보다 늦게 시작해서 위기에 봉착했다면 시간의 속도를 늘려야 하고, 하지 말아야 하는 행동을 해서 위기에 봉착했다면 사고방식과 행동 패턴을 바꿔야 합니다. 동일한 생각과 행동을 반복하면서 새로운 결과를 기대하는 것은 어리석은 행동입니다. 즉 새로운 결과를 얻기 위해서는 기존의 생각과 행동을 버리고 새롭게 거듭나야 합니다. 마치 뱀이 성장과 진화를 위해 허물을 벗듯이 기존의 생각과 행동의 허물을 벗어야 새로운 결과를 얻을 수 있습니다. 아울러 급변하는 상황에 맞춰 발 빠르게 변화해야 하고 주어진 상황에 따라 적기 적시에 임기응변의 태도를 취해야 합니다. 사노라면 이것이 정답이다 혹은 저것이 백 퍼센트 맞다는 말을 할 수 있는 것은 거의 없습니다. 인간은 태어나면 반드시 죽는다는 절대적인 진리는 있어도 삶의 원리와 인간이 궁극적으로 추구하는 것이 모든 사람들에게 동일한 것은 아닙니다. 또 살아가는 방식과 주어진 생활 여건과 환경이 모두 같은 것도 아닙니다. 그래서 모든 경우에 맞는 올바른 처신이라고 단정적으로 말할 수 있는 것은 아무것도 없습니다. 단지 주어진 상황과 환경에 따라 그에 맞게 대처하는 것이 가장 최선의 방책일 뿐입니다. 마찬가지로 위기를 줄이고 위기가 발생되는 것을 사전에 막기 위해서는 수시처변과 병형상수의 태도로 임해야 합니다. 즉 주어진 여건과 환경, 그리고 상황에 따라 태도를 달리해야 위기를 줄일 수 있습니다. 비가 오는 날에는 우산을 써야 하고 태양빛이 강하면 양산을 쓰는 것과 같이 그때그때 주어진 상황과 여건에 따라 해법을 달리해야 합니다. 어제의 정답이 오늘의 문제를 해결하는 좋은 참조 자료가 될 수는 있어도 그것이 유일한 정답은 아닙니다. 어제의 문제 상황에서는 어제의 정답이 맞고 오늘의 문제 상황에서는 그에 맞는 오늘의 정답이 있어야 합니다. 아울러 위기가 발생되는 것을 최소화하기 위해서는 가장 우선적으로 자신에게 닥친 상황이 어떠한 상황이고 자신이 처리해야 하는 문제가 어떤 문제인지를 명확하게 인식하는 것이 중요합니다. 그래서 닥친 상황과 해결하고자 하는 문제의 여건에 맞는 해결책을 찾아서 응해야 합니다. 한마디로 말해서 치고 빠지는 전략을 구사하는 것이 지혜로운 처세입니다. 일을 할 때도 열심히 해야 하는 상황에서는 열심히 하고 빈둥빈둥 놀아야 하는 상황에서는 노는 것이 좋습니다. 또, 달려야 하는 상황에서는 달리고 걸어야 하는 상황에서는 걸어야 합니다. 또 사회적인 이슈에 따라 그 흐름에 편승하여 생활하는 것이 생활에 안정을 꾀할 수 있는 가장 좋은 방법입니다. 간헐적으로 생각지도 못한 위기가 발생되는 공통적인 원인은 너무 무리하거나 과로에서 오는 경우가 많습니다. 즉 멈춰야 하는 상황에서는 일정 시간 멈춰야 하는데 계속해서 일을 하다 보니 과로로 인해 건강 악화 등의 위기에 봉착하는 상황에 이른 것입니다. 그러므로 일을 할 때도 적당히 해야 하는 상황에서는 멈추어서 재충전의 시간을 가져야 합니다. 또, 계속해야 하는 일일수록 계속 밀려오는 일을 해야 한다는 강박관념에서 벗어나 적당히 처리하고 눈치껏 뒤로 빠지는 것이 지혜로운 처세입니다. 내가 해야만 이룰 수 있다고 생각하는 것은 혼자만의 생각입니다. 반드시 자기가 해야 직성이 풀린다고 하면서 모든 일을 손수 자신이 직접 챙기는 사람도 있는데 그런 사람에게는 반드시 위기가 찾아오기 마련입니다. 실제로 산업체 현장에서 안전사고가 발생되는 경우를 보면 정해진 목표 생산량을 달성하기 위해서 물불을 가리지 않고 일을 하는 사람입니다. 일을 하면서 주변 상황을 잘 관찰하면서 작업해야 하는데 너무 일에 열중한 나머지 주변에 있는 가동 설비를 못 봐서 중대재해를 당하는 사람도 적잖습니다. 그렇습니다. 대충 철저히 하는 것이 좋습니다. 그렇다고 해서 자기에게 주어진 역할과 책임을 등한시 해야 한다는 말이 아닙니다. 여기서 대충 철저히 해야 한다는 의미에는 자기에게 주어진 역할과 책임을 다하되 주변 상황을 보면서 느긋하게 여유를 가지고 임해야 한다는 의미가 내포되어 있습니다. 또 할 때 하고 쉴 때 쉬며, 전진해야 할 때와 후퇴해야 할 때를 알고 움직이는 것이 좋습니다. 공격해야 하는 상황에서는 공격을 하고 수비해야 하는 상황에서는 수비를 해야 하는 것이지요. 계속해서 성장할 수는 없습니다. 승승장구하던 사람도 어느 시점에 달하면 정체되게 되고, 계속해서 성장하던 사업도 일정한 시점에서는 하향세에 처하는 경우가 있습니다. 그러므로 승승장구하면서 지속 성장하는 흐름에서는 그 성장세가 계속 이어질 수 있도록 속도 조절을 적절하게 해야 하고, 성장이 멈추는 시점이 반드시 도래하게 된다는 생각으로 그 시기에 무엇을 어떻게 할 것인가를 미리 대비해야 합니다. 또 성장이 멈추는 시기를 최대한 줄이기 위해서 미연에 이에 대한 준비를 철저하게 해야 합니다. 왜냐하면 위기는 변곡점이나 전환점에서 발생하는 경우가 많기 때문입니다.

04

생각은
준비의 묘목

THREE === TUNNELS

위기가 생기는 것을 줄이기 위해서는 자기 스스로 자신에게 일어
날지도 모르는 위기 상황을 생각하면서 늘 위기를 생각해야 합니
다. 위기는 생각지도 않은 우연한 시점에 찾아오는 것이 아니라 분
명히 어떠한 징후를 보입니다. 즉 자신이 지내온 시간 동안 행한 결
과로 인해 위기가 빚어지는 경우가 많습니다. 그러므로 위기가 발생
되는 것을 줄이기 위해서는 자기가 행하는 말과 행동을 돌아보며 생
각하는 시간을 수시로 가져야 합니다. 자신의 언행을 돌아보는 생각
의 시간을 많이 갖는다는 것은 위기를 생각하는 시간을 많이 갖는다
는 것을 의미합니다. 그러기 위해서는 위기관리 일지를 써보는 것이

좋습니다. 실제로 자기가 처한 현실에서 자신에게 생길 수 있는 위기는 무엇이고 현재 상황으로 볼 때 자신에게 어떤 위기가 올 수 있는지 혹은 이미 위기의 궤도에 오른 것은 아닌지를 돌아보는 것이 위기를 줄일 수 있는 최선의 길입니다. 사실 위기는 위기라고 생각하지 않고 방심하는 순간에 찾아올 확률이 높습니다. 즉 위기라는 것은 조건과 여건 그리고 시간과 공간을 구분하지 않고 언제든 찾아오는 불청객입니다. 하지만 위기를 생각하고 있으면 위기가 오지 않습니다. 그러므로 위기 일지를 쓰면서 자신이 처한 현재 위치에서 위기가 발생될 소지가 있는 일은 무슨 일이며, 현재 이런 패턴으로 생활하면 어떤 위기가 발생될지 혹은 앞으로 위기를 줄이기 위해서는 어떻게 해야 하는지를 수시로 생각해야 합니다. 그렇다고 해서 위기를 생각하느라 다른 곳에 신경 쓰지 못하는 상황에 다다를 때까지 위기에 집착할 필요는 없습니다. 중요한 것은 위기를 생각하지 않고 방심하거나 자신의 생활 속에 위기가 올 수도 있는 상황인데도 징후를 인지하지 못하는 우를 범하지 말아야 한다는 것이지요. 때로는 위기가 올지도 모르는 상황임에도 불구하고 과감하게 도전과 응전을 거듭해야 하는 경우도 있습니다. 그렇다고 해서 위기가 발생될 것이 눈에 뻔하게 보이는데 무모하게 행동할 필요는 없습니다. 어떠한 경우든 위기는 줄이는 것이 지혜로운 처세입니다. 필자가 이 책을 집필하는 2년이 넘는 기간 동안 줄곧 위기를 생각하는 시간을 가졌습니다. 그래서 그런지 2년여의 기간 동안 그다지 큰 위기는 겪지 않았습니다. 우연의 일치인지 아니면 운이 좋아서였는지 그다지 곤경에 처하는 위기가 생기지 않는 것을 보니 늘 위기를 생각하면서 생활했던 것이 그러한 결과를 자아낸 것은 아닌가 하는 생각이 듭니다. 위기관리 일지를 쓰다 보면 만약의 경우에 위기가 오면 어떻게 대처해야 하는가에 대한 생각까지 하게 됩니다. 그러한 생각을 하는 과정에서 위기 대처 능력이 길러지고 자칫 발생할 수 있는 위기를 미연에 방지하는 효과도 얻을 수 있습니다. 위기의 속성상 그다지 위기라는 모습을 드러내지 않는다는 점을 생각하면 곰곰이 위기에 대해서 생각하는 것만으로는 위기를 줄일 수 없다는 생각도 듭니다. 하지만 평소 위기를 생각하는 기회를 많이 갖는 것이 위기를 줄일 수 있는 길이라고 확신합니다. 물론 생활에 큰 지장을 초래하지 않을 정도의 위기는 적절한 긴장감을 부여하여 생활에 활력을 주기도 합니다. 그렇다고 해서 위기를 일부러 생기게 하는 것은 옳지 않습니다. 이유야 어떻든 위기는 없을수록 좋습니다. 작은 위기가 계속되면 큰 위기가 발생할 확률이 높기 때문입니다. 일반적으로 산업현장에서 발생하는 재해는 사람의 불안전한 행동과 설비나 환경 등 불안전한 상태에서 발생되는 경우가 많습니다. 위기 역시 불안전한 행동과 불안전한 상태로 인해 발생됩니다. 어떻게 생각하면 인생의 위기는 산업현장에서 발생되는 재해와 같습니다. 그런 관점에서 볼 때 하인리히의 법칙에서 강조하는 것처럼 300건의 보이지 않는 위기를 줄이는 것이 더 큰 위기를 줄이는 것이라고 볼 때 크게 티가 나지 않는 위기일지라도 위기를 줄이기 위해서는 위기를 원천적으로 없애는 노력을 하는 것이 타당합니다. 그러기 위해서는 감정상태가 안정되어야 합니다. 행복해서 웃는 것이 아니라 웃어서 행복하다는 말이 있습니다. 또 감정이 행동을 좌우하기도 하지만 행동이 감정을 좌우한다는 말이 있습니다. 그러므로 위기가 생기는 것을 줄이기 위해서는 가급적 자신의 감정상태를 긍정적인 상태로 유지해야 하고, 안정적이고 평화로운 상태를 유지하는 것이 바람직합니다. 즉 웃으면 복이 오듯이 자신의 감정상태가 좋은 상태에 있으면 감정적으로 기분 좋은 표정을 짓게 되고, 이로 인하여 좋은 기운이 스며들어 말과 행동에 좋은 기운이 담기게 됩니다. 좋은 기운이 담겨 있는 상태에 있으면 좋은 일이 생기게 마련이죠. 또 설령 나쁜 일이 생겨도 크게 동화하지 않고 의연하고 여유롭게 대처할 수 있는 여유를 갖게 됩니다. 그러므로 기분 나쁜 일이 생겼다고 해서 불안해하거나 분노의 감정을 갖기보다는 가능한 한 기분 좋은 감정상태를 유지하는 것이 좋습니다. 말이 씨가 된다는 말이 있듯이 건강한 사람도 아파서 죽겠다는 말을 자주 하면 정말로 아파서 죽는 상황에 이르게 됩니다. 또 자기의 감정상태가 기분 좋은 상태에 있으면 기분 좋은 행동을 하게 되기도 하지만 자신의 행동이 기분 좋은 행동을 하면 나쁜 감정상태가 좋은 감정상태로 변화되기도 합니다. 그러므로 모든 일을 대할 때 가급적 말과 행동을 포함한 감정상태까지도 늘 기분 좋은 상태를 유지하는 것이 좋습니다. 이에 더하여 자신에게 기분 나쁜 일이 생기면 그 일에 너무 집착하기보다는 새로운 생각을 하는 것이 그 상황에서 벗어날 수 있는 좋은 방법입니다. 어느 한 분야에서 성공한 사람들의 공통점 중 하나는 자신이 하는 일이 너무 좋아서 시간 가는 줄 모르고 한다는 점입니다. 사람에게는 편향성이 있어서 어느 한쪽 방향으로 생각이 편중되면 다른 분야를 생각하지 못하는 속성이 있습니다. 그런 원리에 준하여 자신의 감정상태가 나쁜 상태에 있다면 무엇으로 인해 자신의 감정상태가 나쁘게 변했는지를 파악하여 기분 나쁜 감정상태를 갖게 하는 그 사건을 기억하지 않는 것이 좋습니다. 이에 더하여 기분 나쁜 감정을 갖게 하는 생각을 지우고 기분 좋은 감정상태를 갖게 하는 새로운 생각으로 치환시켜주어야 합니다. 아울러 자신의 감정이 기분 나쁜 상태에 있으면 자신의 감정상태가 평상시의 감정상태가 아니라는 것을 인식하고 말과 행동의 속도를 늦추면 위기를 줄일 수 있습니다. 실제로 감정의 속도가 생각의 속도가 되고 그 생각의 속도가 행동의 속도가 됩니다. 즉 분노하는 감정의 속도가 빠르면 자기 생각의 속도가 빨라지게 되고 그로 인해 행동이 빨라지게 됩니다. 반면에 자기감정의 속도를 늦추면 생각의 속도가 느려지게 되고 이로 인해 자기 행동의 속도 역시 느려지게 됩니다. 반드시 느리게 생각하고 느리게 행동하는 것이 위기를 줄이는 길은 아니지만 기분 나쁜 감정상태에 있을 때는 말과 행동의 속도를 줄여야 위기가 발생되는 것을 줄일 수 있습니다. 또 자신의 감정을 나쁘게 하는 기억에서 벗어나기 위해 그 장소를 벗어나거나 그런 감정을 불러일으키는 사람과 거리를 두어야 합니다. 여하튼 기분 나쁜 감정을 유발시키는 기억은 가능한 한 빨리 지우는 것이 좋습니다. 마치 칠판에 적혀 있는 낙서를 지우개로 지우듯이 자기감정의 칠판에 나쁜 감정을 갖게 하는 기억들을 깨끗하게 지우는 것이 자신의 행동을 안정되게 하는 지혜로운 처사입니다. 이에 더하여 자신의 기분 나쁜 감정을 좋은 감정으로 순화하기 위해서는 그 원인을 남에게서 찾으려고 하기보다는 자기에게서 찾으려고 하는 노력이 병행되어야 합니다. 자신의 감정이 나빠진 원인이 타인에 의해서 생겼다고 생각하면 자기의 감정을 조절하기 어려워집니다. 하지만 모든 것이 자신의 탓이라고 생각하면 자기 스스로 자신의 감정을 조절할 수 있습니다. 사실 감정이라는 실체는 없습니다. 자기의 감정은 자기 스스로 자신의 마음에서 만들어지는 부산물일 뿐입니다. 즉 자기 마음에 나쁜 감정을 만들려는 원료가 없으면 그 부산물은 만들어지지 않습니다. 그러므로 타인에 의해서 자기감정이 나빠졌다고 생각하기보다는 자기 스스로 자기가 자신의 감정을 만들어낸다는 생각으로 자신의 행동 거지를 성찰하면서 반성의 시간을 가져야 합니다. 그러면 자신의 감정을 원만하게 조절할 수 있을 것입니다. 사노라면 분노의 감정으로 인해 스스로 자기를 태우는 사람도 있고, 화를 다스리지 못해 자신의 모든 것을 불태워버리는 사람도 있습니다. 그러므로 평소와 달리 자신의 감정이 변화되는 것을 느낀다면 가장 먼저 자신의 생각과 행동의 속도를 늦추는 데 주력해야 합니다. 그것이 자기 안에 있는 나쁜 감정이 위기를 불러들이지 않게 하는 최상의 방책입니다. 그렇다면 어떻게 하면 나쁜 감정으로 인한 위기를 줄일 수 있을까요? 그러기 위해서는 자기 생각 안에 있는 가시를 신속하게 제거해야 합니다. 여기서 말하는 생각의 가시는 자신의 감정상태를 나쁘게 하거나 기분을 우울하게 하는 생각을 의미합니다. 즉 생각 안에 자신의 감정상태를 나쁘게 하거나 자신의 기분을 좋지 않게 하는 생각이 있으면 그로 인해 위기를 맞을 확률이 높습니다. 왜냐하면 위기라는 녀석은 기분 나쁜 상태나 좋지 않은 감정상태에서 발생하는 경우가 많기 때문입니다. 사실 기분이 좋은 상태에서는 사소한 위기가 생겨도 감정적으로 크게 반응하지 않고 웃어넘기지만 기분이 나쁜 상태에 있으면 사소한 위기에도 감정적으로 크게 동요하는 반응을 보이는 경우가 많습니다. 결국은 자신의 감정상태를 얼마나 빨리 안정되게 하는가가 관건입니다. 그런 측면에서 볼 때 자신의 감정상태를 좋게 유지하고 안정되게 하기 위해서는 잡스러운 생각이나 자신의 감정상태를 나쁘게 하는 생각의 가시를 신속하게 제거해야 합니다. 생각의 가시를 제거하는 가장 좋은 방법은 생각의 가시가 싹을 틔우는 순간 기분 좋은 생각을 하는 것입니다. 즉 생각의 가시가 발생하면 그 생각에 신경 쓰기보다는 신속하게 그 생각을 대처할 수 있는 다른 생각을 하는 것이 생각의 가시를 제거하는 가장 좋은 방법입니다. 제아무리 슬픈 상황에 처해 있어도 생각 안에 기분 좋은 생각을 하면 슬픔의 눈물이 쉽게 나오지 않습니다. 반대로 기쁜 상황에 처해 있어도 슬픈 생각을 많이 하면 오히려 눈물이 나오는 경우도 있습니다. 이처럼 우리네 생각은 우리의 모든 행동을 제어하는 속성이 있습니다. 불현듯 원수 같은 사람이 생각나는 경우도 있고, 그간에 자신의 감정상태를 나쁘게 하기에 일부러 잊고 살았는데 불현듯 갑자기 그 생각이 떠오르는 경우도 있습니다. 또 미워하는 사람을 떠올리지 말아야 하는데 전혀 생각지도 않은 순간에 그 미워하는 사람이 불현듯 자신의 생각을 파고드는 경우도 있습니다. 그런 경우에는 빨리 자신이 처한 환경을 바꾸거나 생각의 채널을 다른 채널로 치환하는 것이 기분 나쁜 감정상태에서 생길 수 있는 위기를 줄이는 최상의 길입니다. 기분 나쁜 상태에 있으면 평상시에는 이성적으로 올바른 선택에 기인하여 올바른 행동을 했던 일들도 나쁜 행동을 하게 되어 자기 스스로 자신의 위기를 자처하게 됩니다. 그러므로 늘 자신의 생각이 다른 곳으로 도망가지 못하도록 잘 간수해야 하고 때로는 자신의 생각이 도망칠 시간적인 틈을 주지 말아야 합니다. 사실 생각이라는 녀석은 생각하지 않으면 없어져야 하는데 생각을 하지 않으려고 하면 오히려 더 생각나는 속성이 있습니다. 그러므로 생각의 가시가 생기면 일부러 그 생각의 가시를 뽑으려고 애쓰기보다는 생각의 가시가 없는 생각 나무를 심는 것이 가장 좋습니다. 그렇지 않고 생각의 가시를 제거하려고 하면 할수록 긁어 부스럼이 되는 경우가 생길 수 있기 때문입니다.

05

준비의 요람,
근거지

THREE TUNNELS

위기가 생기는 것을 미연에 방지하기 위해서는 기본적으로 안전을 확보해야 합니다. 매슬로우가 욕구 5단계설에서 말했듯이 인간은 본능의 욕구가 해결되면 안정의 욕구가 생깁니다. 즉 기본적인 의식주가 해결되면 여타의 환경과 강자에게 위협당하지 않고 불안해하지 않는 안정적인 상태를 유지하고 싶어 하는 욕구가 생깁니다. 산업체에서 경영 이익을 내기 위해서도 가장 먼저 안전이 확보가 되어야 하듯이 위기 없는 행복한 생활을 영위하기 위해서는 가장 기본적으로 안전이 확보되어야 합니다. 여기서 말하는 안전은 심리적 안정을 포함한 제반 생활 속의 안전을 의미합니다. 우리네 생활은 모든 부문이 함께 연계되어 있습니다. 그래서 어느 한쪽에서 불안전한 위기가 발생되면 다른 분야에서도 불안전한 위기가 초래될 확률이 높습니다. 그러므로 안정적인 생활을 유지하기 위해서는 어느 한쪽 분야에 치중해서 국부적으로 안전을 확보하기보다는 전방위에 걸쳐 안전을 확보해야 합니다. 그중 가장 먼저 확보해야 하는 것은 자기 생존권 확보를 위한 기반이 되는 교두보를 마련하는 것입니다. 제갈공명이 융중대에서 유비에게 천하삼분지계 전략을 제시하면서 형주를 주요 근거지로 삼아야 한다고 했던 것과 마찬가지로 자기 생활의 근간을 이루는 주요 활동 무대를 마련해야 합니다. 나무에 견주면 비바람에 흔들리지 않도록 뿌리를 견고하게 내릴 수 있는 지반이 마련되어야 한다는 말이지요. 고층 건물을 건축하기 위해서는 지반이 튼튼해야 하고, 거센 파도에 쉽게 난파되지 않기 위해서는 닻을 내려야 하듯이 자신의 생활 근거지를 견고하게 마련해야 합니다. 또 정치인이 국민의 지지를 받으면서 활발하게 정치 활동을 하기 위해서 특정 정당에 적을 두어야 하듯이 자신이 관여되는 각각의 생활 영역의 기반이 되는 근거지를 마련하는 것이 무엇보다 중요합니다. 그 근거지는 지리적인 기반이 될 수도 있고 인맥이 될 수도 있으며 자신과 끈끈한 유대관계가 형성된 조직이 될 수도 있습니다. 또 직장에서 오랜 기간 쌓아온 업무 경력이 될 수도 있고 단순히 자신이 가진 재능이나 역량이 될 수도 있습니다. 중요한 것은 외부 세력에 쉽게 침해당하지 않거나 적으로부터 쉽게 공격당하지 않을 정도의 세를 형성하고 있어야 한다는 점입니다. 또 단순히 기본적인 의식주를 해결하는 근거지의 차원을 넘어 외세에 쉽게 공격당하지 않고 무너지지 않는 견고한 근거지를 가지고 있어야 위기 없는 안정된 생활을 영속적으로 영위할 수 있습니다. 그런 연후, 자기에게 위기를 주는 사람들에게 공격당하지 않도록 철저하게 수비하고 필요시 공격도 해야 합니다. 익히 아는 바와 같이 전쟁에서 승리를 하기 위해서는 적에게 약점을 보이지 말아야 하고 적의 강점을 무력화시킬 수 있어야 합니다. 또 자신의 강점으로 적의 약점을 쳐야 쉽게 승리할 수 있습니다. 이에 더하여 전쟁에서 승리했다면 적이 다시금 공격해올 수 없도록 빈틈없이 경계해야 합니다. 또 경우에 따라서는 적이 다시는 대항하지 못하도록 적의 세력을 뿌리째 완전히 뽑아버려야 하며, 기사회생이 불가능한 상태까지 적을 무너뜨려야 합니다. 그것이 적으로부터 자기에게 올 수 있는 위기를 줄이는 길입니다. 조직생활을 할 때도 경쟁자로 인해 발생되는 위기를 줄이기 위해서는 경쟁자의 동태를 수시로 면밀하게 살펴야 합니다. 특히 한번 목표물을 잡으면 하이에나처럼 끝까지 물고 늘어지는 질긴 근성을 가진 경쟁자라면 한시도 방심하지 말고 그의 동태를 면밀히 살펴야 합니다. 간혹 경쟁자가 이제는 자기와 경쟁하지 않겠다며 휴전의 의사표시를 해도 방심하지 말고 끝까지 살펴야 합니다. 아울러 경쟁자가 다른 곳에 신경을 쓴 나머지 자신에게는 전혀 신경을 쓸 수 없도록 주변 환경을 만드는 것이 필요합니다. 아울러 공격할 빌미를 제공하면 경쟁자는 언제든 자기에게 위기를 가져다줄 수 있다는 점을 망각하지 않아야 합니다. 또 방심하고 무방비로 있으면 언제든 공격을 당할 수 있으므로 늘 경쟁자의 일거수일투족을 관찰해야 합니다. 그래서 징후가 보이면 미리 싹을 제거해서 경쟁자가 두 번 다시 자신에게 총칼을 겨눌 수 없게 해야 합니다. 간혹 감언이설로 유혹하거나 마치 자신에게 진심을 다해서 좋은 관계를 유지하고 싶다고 말하는 사람이 있다면 그런 사람을 특히 경계해야 합니다. 또 남의 칼을 빌려 적을 치는 차도살인(借刀殺人) 전략이나 적으로 적을 치는 이이제이(以夷制夷) 전략도 있으므로 경쟁자를 포함하여 그 주변 사람들의 동태도 면밀하게 살필 필요가 있습니다. 그래서 경쟁자로 하여금 자신은 차원이 다르다는 점을 알게 하고 자신의 말 한마디에 의해서 경쟁자의 생사가 결정된다는 것을 은연중에 과시하는 것이 좋습니다. 때로는 자신이 얼마나 강한 상대라는 것을 일부러 내보일 필요도 있다는 것이지요. 왜냐하면 상대방이 오판해서 섣부르게 싸움을 걸어올지도 모르기 때문입니다. 23전 23승의 전무후무한 전공을 세운 이순신 장군이 선조에게 장계를 올릴 때 왜군이 조선의 바다를 침략할 엄두를 내지 못하도록 하겠다고 했던 것처럼 경쟁자가 두 번 다시 자신을 경쟁 상대로 삼지 못하도록 철저하게 응징하는 것도 좋은 방책입니다. 이에 더하여 위기가 발생되는 것을 예방하기 위해서는 개인적으로 정치력이 있어야 합니다. 한비는 『한비자』에서 군주는 세·법·술로 통치해야 함을 강조했습니다. 세력을 형성해서 다른 사람들이 함부로 넘볼 수 없게 하고, 법을 만들어서 상벌에 따라 백성들을 다스리며, 술책으로 위기 상황을 잘 극복해야 한다고 했습니다. 한비는 세법술에 의해서 군주가 나라를 다스릴 때 안정되게 나라를 통치할 수 있다고 했습니다. 마찬가지로 자기에게 위기가 발생되는 것을 예방하기 위해서는 앞서 한비의 말처럼 세법술로 자기의 입지를 강하게 하는 정치를 할 줄 알아야 합니다. 그렇지 않고 오로지 일 중심으로 성과를 내는 성향을 고집하고 있다면 반드시 뜻하지 않는 상황에서 위기에 처하게 될 것입니다. 일례로 직장인의 경우 직장에서 위기에 처하지 않기 위해서는 사내 정치를 할 줄 알아야 합니다. 일 중심의 성과 지향적인 사람들은 사내 정치에 그다지 관심을 갖지 않는 경향이 있습니다. 하지만 제아무리 성과를 많이 내도 사내 정치에 의해 그 성과가 폄하되어 위기에 처할 수 있습니다. 즉 성과를 낸 것에 초점을 두지 않고 성과를 내는 동안 소홀히 했던 관계 측면의 약점을 드러내며 성과를 폄하시키려는 사내 정치에 의해 위기에 처하게 된다는 것이지요. 그러므로 일 중심의 성과 지향적으로 직장생활을 하더라도 기본적으로 사내 정치에 휘둘리지 않을 정도의 세를 형성하고 있어야 합니다. 사실 정치의 본질은 세력을 형성하는 데 있는 것이 아니라 사람의 마음을 얻는 것에 있습니다. 하지만 사람의 마음을 얻는 것이 사람을 모으게 되어 결국 그 사람들의 결집으로 인한 세력이 형성되기 때문에 정치 싸움을 세력 싸움에 빗대어 말을 하기도 합니다. 결과적으로 정치는 우군의 세력을 강화하는 것이고, 경쟁자의 세력을 약화시키는 것이라고 할 수 있습니다. 중요한 것은 역사는 강한 자에 의해 써진다는 점입니다. 그러므로 강한 힘을 가진 조직원에 의해 위기에 처하지 않기 위해서는 사내 정치를 통해 자신의 세력을 형성하는 것도 필요합니다. 우리는 흔히 민심이 천심이라고 말을 합니다. 즉 여론이 하늘의 뜻이라는 것이지요. 하지만 엄밀하게 말해서 하늘의 뜻을 이용하여 민심을 가장하는 것이라고 할 수 있습니다. 즉 천심은 없는데 민심을 만들어서 그것을 천심으로 둔갑시키는 것이지요. 그리하여 많은 사람들이 민심을 천심으로 알고 그 민심에 따르도록 하는 것입니다. 그렇습니다. 사내 정치를 해야 하는 이유는 바로 조직의 여론이 자기에게 불리할수록 자기가 위기에 처할 확률이 높기 때문입니다. 그러므로 직장생활을 하면서도 주변에 자기편을 많이 만들어야 합니다. 그래서 필요시 그들의 힘으로 자기에게 발생될 수 있는 위기를 사전에 예방해야 합니다. 또 군주가 세법술에 의해 자기의 입지를 견고히 하듯이 일 중심의 성과 지향적인 활동으로 인해 얻어진 결실이 더욱 돋보이게 해야 합니다. 아울러 그러한 활동 때문에 대인관계 활동에 소홀했다면 그 성과에 따른 이익은 동료들에게 돌리고 자신은 명분을 취해야 합니다. 그러면 성과와 관계라는 두 마리 토끼를 다 잡을 수 있을 것입니다.

06

예방은
준비의 갑옷

THREE ⟹ TUNNELS

위기가 발생되는 것을 사전에 예방하기 위해서는 어떻게 해야 할까요? 건강관리나 안전관리에서 그 답을 찾을 수 있습니다. 안전과 건강관리에서 제일 중요한 것은 예방입니다. 예방보다 더 좋은 대안은 없습니다. 그런 관점에서 볼 때 위기가 발생되지 않게 하기 위해서는 가장 우선적으로 위기를 발생시키는 주요 원인을 제공하는 것들을 가급적 피해야 합니다. 위기를 부르는 것들이 기회를 부르기도 하고 기회를 가져오는 것들이 위기를 부르기도 합니다. 그래서 위기를 기회라고 하는 사람도 있고 기회가 오면 위기에 대비해야 한다는 말을 합니다. 위기와 기회는 동전의 양면과 같습니다. 위기가 있는 곳에 기회가 있고 기회가 있는 곳에 위기가 있기 때문입니다. 주역의 원리에 따르면 음양이 조화를 이루고 천지가 서로 소통해야 평화로운 세상입니다. 마찬가지로 기회나 위기 중 어느 한쪽이 계속될 수는 없습니다. 그렇다고 해서 위기와 기회가 조화와 균형을 이루는 것이 좋은 것은 아닙니다. 대부분의 사람들이 위기보다는 기회가 오기를 선호합니다. 가능한 한 위기가 없으면 좋겠다고 생각하는 것이 보통사람들의 심리입니다. 그런데 신기하게도 연륜이 더해질수록 우리네 인생사가 주역의 원리에 따라 하염없이 음양이 조화를 이루기 위해 움직이고 있다는 생각을 하게 됩니다. 그래서 그런지 살아온 삶을 돌이켜 생각하면 기회가 많았다는 생각이 들기보다는 위기가 많았다는 생각도 들고 어찌 생각하면 위기만 있었다는 생각이 들기도 합니다. 위기를 극복하려고 그저 정신없이 살다 보니 어느덧 지천명을 훌쩍 넘긴 나이가 됐다는 생각이 들기도 합니다. 한편으로 생각하면 그간에 살아오면서 많은 위기를 겪지 않았다면 앞으로 남은 삶에 그간에 경험하지 못한 위기가 올 수도 있겠다는 불안한 생각이 들기도 합니다. 위기와 기회가 공존하고 서로 균형을 이루는 것이 주역의 원리이자 세상이 돌아가는 원리라는 것을 알면 어느 정도 예측된 삶을 살수 있습니다. 음양이 조화와 균형을 이루는 것이 우리네 인생이라는 관점에서 볼 때 지금 현재 자신이 처한 상황이 위기인지 아니면 기회인지를 명확하게 아는 것이 중요합니다. 즉 위기가 발생되는 것을 최소한으로 줄이기 위해서는 현재 자신이 처한 상황을 명확하게 아는 것이 중요합니다. 그래서 위기의 상황이라고 생각하면 그 위기가 더 이상 번지지 않도록 조기에 진화해야 하고, 기회의 상황이라고 생각하면 그 기회가 더 많은 기회로 진화되도록 힘써야 합니다. 그렇습니다. 위기는 진화(鎭火)하고 기회는 진화(進化)해야 합니다. 위기는 적을수록 좋고, 기회는 많을수록 좋다고 생각하는 것이 일반적인데, 우리네 인생사가 꼭 그렇게 산술적으로 정확하게 조화와 균형을 이뤄가는 삶은 아닙니다. 즉 위기가 많았다고 해서 기회가 많은 것도 아니고 위기가 적다고 해서 기회가 적은 것은 아니라는 것이지요. 단, 일생을 놓고 볼 때 위기와 기회는 어느 정도 조화와 균형을 이루고 있다는 생각이 듭니다. 한편으로 생각하면 위기와 기회는 인간의 감정에 가장 큰 영향을 주는 인자입니다. 위기의 상황에서는 긴장하게 되고 기회의 상황에서는 설레는 감정이 생기기 때문입니다. 위기와 기회에 따라 감정이 요동치는 것이 우리네 인생입니다. 인생에서 위기와 기회를 부르는 가장 중요한 두 가지가 있다면 돈과 사람입니다. 즉 돈과 사람이 기회를 주기도 하고 위기를 가져오기도 합니다. 돈이 없으면 위기에 처하고 돈이 많으면 그만큼 많은 기회를 얻을 수 있습니다. 또 주변에 자기를 도와주는 사람이 많으면 기회를 얻을 수 있고, 자기의 마음을 아프게 하는 사람이 많으면 위기가 많아집니다. 그래서 기회와 위기는 서로 병존하고 상생하면서 조화와 균형을 이룹니다. 생각하면 생각할수록 해답을 구할 수 없는 것이 우리네 인생살이라는 생각이 듭니다. 왜냐하면 기회라고 생각한 것이 어느 순간에는 위기가 되고 위기라고 생각했던 것이 어느 순간에는 기회가 되기 때문입니다. 그런데 중요한 것은 작은 위기를 극복하면 기회를 부르지만 큰 위기에 처하면 그로 인해 또다시 크고 작은 위기가 생긴다는 것입니다. 산술적이고 이론적으로는 위기와 기회가 서로 병존하고 교차하며 조화와 균형을 이룰 것 같지만 우리네 인생은 결코 사칙연산이 통하지 않습니다. 앞서 큰 위기가 크고 작은 위기를 계속해서 부른다고 했는데, 위기가 위기를 몰고 오는 경우가 많습니다. 그렇습니다. 불행은 혼자 오지 않는다는 말이 있듯이 위기는 혼자 오지 않습니다. 위기는 위기를 몰고 옵니다. 그러므로 큰 위기에 처했다면 또 다른 크고 작은 위기가 올 수 있다는 생각으로 바짝 긴장하고 더욱 신중하게 살펴야 합니다. 대부분 위기에 처한 사람이 또 다른 위기에 처하는 이유는 하나의 위기를 극복하고 나서 긴장을 늦췄기 때문입니다. 그러므로 큰 위기를 잘 극복했다고 긴장을 늦추는 순간 또 다른 위기가 온다는 것을 명심해야 합니다. 필자가 반복해서 강조하듯이 위기가 없다고 생각하는 순간이 위기이고, 위기를 위기라고 생각하지 않는 것이 위기입니다. 불교에서 인생은 고통 그 자체라고 했는데 인생은 위기 그 자체입니다. 변화관리 전문가들은 위기는 기회라고 하면서 위기에 처하면 위기 속에서 기회를 발견해야 한다고 말을 하지만, 위기는 위기입니다. 위기 안에 기회가 있다고 하지만 위기 안에는 분명히 위기가 있습니다. 수박 안에 수박 씨가 있고 대추 안에 대추 씨가 있습니다. 수박 안에 대추 씨가 있을 리 없고 대추 안에 수박 씨가 있을 리 만무합니다. 그러므로 위기에 처하면 기회를 엿보지 말고 오로지 위기만을 들여다봐야 합니다. 아울러 위기의 터널을 지난 후에도 안도의 한숨을 쉬면서 기회를 엿보기보다는 계속해서 위기를 생각하면서 위기가 어디에서 오는지를 잘 살펴야 합니다. 일례로 운전을 하는 사람이 위험한 도로를 안전하게 통과했다고 해서 평평한 도로를 달릴 때 안전을 의식하지 않으면 사고가 날 수 있듯이 위기에서 벗어나도 위기를 생각해야 합니다. 항상 위기를 생각하고 인생 자체를 위기라고 생각하는 것과 모든 상황이 위기라고 의식하는 것이 최고의 위기관리 의식입니다. 사실 기회가 기회인 것은 위기가 없기 때문입니다. 아무리 좋은 기회라도 그 속에 위기가 있다면 그것은 위기입니다. 아울러 위기가 발생되지 않도록 하기 위해서는 자신이 하는 행동으로 인해 주변에 무슨 일이 생길 것이라는 것을 예측할 수 있어야 합니다. 또 자신이 행동을 할 때 그 여파로 다른 사람에게 어떤 영향을 미치는지를 예측해서 행동해야 합니다. 생각하면서 행동하지 않으면 행동하는 대로 생각한다는 말이 있듯이 좋은 행동이나 위기가 발생되지 않는 행동을 하기 위해서는 행동을 하기 전에 생각해야 합니다. 생각 없이 던진 돌멩이에 길 가던 개구리의 생명이 위협을 받을 수 있는 것처럼 자신의 입장에서는 그리 대수롭지 않은 행동이 필연적으로 다른 사람에게 위기를 줄 수 있습니다. 그러므로 자신이 행하는 일거수일투족이 다른 사람에게는 어떤 영향을 주는지를 따져본 연후에 행동하는 것이 위기가 발생되는 것을 줄일 수 있는 최상의 길입니다.

07

준비의 수련장,
은둔

THREE ≡ TUNNELS

평소와 달리 어수선한 상황이 발생하면 일단은 몸을 숨기는 것이 위기를 줄일 수 있는 최선의 삶의 비결입니다. 그렇습니다. 평소와 다른 상황이 발생하면 신속하게 은근슬쩍 뒤로 물러나 자취를 감추는 것이 상책입니다. 왜냐하면 자칫하면 그 분위기에 휩쓸려 생각지도 못한 위기에 처할 수도 있기 때문입니다. 대부분 위기는 평소와 다른 상황에서 발생되는 경우가 많습니다. 습관적으로 해오던 생활 패턴 속에서는 위기가 잘 발생되지 않습니다. 왜냐하면 매일 해오던 일이기 때문입니다. 하지만 평소와 달리 좋은 일이 생기면 자기도 모르게 방심하게 되고 자만해서 위기에 처할 수 있습니다. 또 나쁜 일이 생기면 평소와 달리 서두르거나 평소와 다른 언행을 해서 위기를 자처하는 경우가 많습니다. 그러므로 평소와 달리 좋은 일이 생기거나 나쁜 일이 생기면 우선적으로 일단 그 자리를 피하는 것이 상책입니다. 특히 자신의 공적이 드러나서 많은 사람들에게 칭송을 받을 때에는 일단 뒤로 물러나는 것이 향후 다가올 수 있는 위기를 줄일 수 있는 최선의 선택입니다. 아울러 자신과는 전혀 무관한 일로 인해 나쁜 일이 발생되더라도 일단은 그 상황에서 빨리 벗어나는 것이 상책입니다. 왜냐하면 나쁜 일이 발생했을 때 그 일을 수습하다 보면 그 나쁜 기운이 자신에게 스며들어 또 다른 나쁜 일이 발생할 확률이 높기 때문입니다. 그러므로 평상시와 다른 환경에 처하거나 이상한 분위기가 느껴지면 일단은 그 상황에서 벗어나는 것이 좋습니다. 좋은 일에는 항상 마가 끼게 마련이고 불행은 혼자 오지 않습니다. 즉 좋은 일이 생기면 그다음에는 나쁜 일이 생기게 되고 나쁜 일이 생기면 그 나쁜 일로 인해 또다시 나쁜 일이 생길 확률이 높습니다. 그렇기 때문에 좋은 일이 생겼다고 해서 그곳에 오래 머물지 말아야 합니다. 또 나쁜 일이 생겼을 때에도 적정한 틈을 노려서 그 자리를 벗어나는 것이 위기가 오는 것을 미연에 막을 수 있는 최선의 방법입니다. 부족한 것은 넘치는 것과 같듯이 평소와 달리 좋거나 좋지 않은 분위기는 같습니다. 또 행복한 일이나 불행한 일도 같고, 경사나 애사의 분위기의 양도 같습니다. 단지 분위기의 질이 틀릴 뿐이지 평소의 생활에서 벗어난 것은 동일합니다. 그러므로 평소의 분위기가 아니거나 평상시 자주 하는 일이 아니라면 일단 심사숙고해야 합니다. 마치 전혀 만난 적이 없는 사람을 처음 대할 때 신중을 기하듯이 신중해야 합니다. 그렇지 않고 섣부르게 평소처럼 행동하다가는 그로 인해 자기에게 위기가 발생될 수 있습니다. 아울러 세상이 시끄럽고 혼란스러울 때는 은근히 몸을 숨기는 것이 최상입니다. 앞서 말했던 것처럼 혼란스러운 사태를 진정시키겠다고 나섰다가는 자칫 그 흐름에 빠져 몸을 가눌 수 없을 정도의 혼돈의 위기에 처할 수도 있기 때문입니다. 그러므로 정국이 어수선하거나 혼란스러운 상황에서는 먼저 몸을 뒤로 빼고 자세를 웅크려야 합니다. 태풍이 부는데 태풍의 핵이 고요하다고 해서 그 속으로 들어가기 위해 돌진하는 것은 자살 행위와 같습니다. 태풍이 불 때는 태풍의 영향을 가장 적게 받는 안전지대로 이동해서 몸을 숨겨야 합니다. 마찬가지로 혼란스러운 상황에서는 그 혼란한 상황을 틈타 다른 이익을 취할 수도 있지만 그러지 말고 먼저 벗어나는 것이 상책입니다. 아울러 자기는 혼란스러운 상황과 전혀 무관하다는 것을 주변 사람들에게 알려야 합니다. 그렇지 않고 애매모호한 태도를 취하면 자칫 혼란스러운 정국을 주도한 주동자로 내몰려서 위기에 처할 수 있습니다. 36계 전략에 혼수모어 전략이 있습니다. 이 전략은 혼란한 틈을 타서 이익을 취하는 전략입니다. 또 진화타겁 전략이 있는데 이 전략은 불이 났을 때 상대방을 공격하는 전략으로 상대방이 어수선한 상황에 빠져 있을 때 그 기회를 틈타서 상대방을 공략하는 전략입니다. 하지만 일상생활 속에서는 혼수모어나 진화타겁의 전략처럼 상대방을 공격하거나 자신이 얻고자 하는 이익을 취할 수 있는 상황은 그리 많지 않습니다. 그냥 혼란스럽고 어수선한 상황에서는 몸을 숨기고 기회를 엿보는 것이 상책입니다. 중국 역사를 보면 난세에 영웅이 나오는 경우도 있지만 그것은 말 그대로 시기와 운이 잘 맞았기 때문입니다. 대부분의 경우 혼란스러운 정국을 수습하려다 목숨을 잃은 경우가 태반입니다. 물론 공익을 위해 혼란스러운 상황에 뛰어들어 사태를 진정시켜야 하는 경우가 있을 수 있습니다. 그러한 경우에도 관여나 간섭은 가능한 한 적어야 하고, 가급적이면 다른 사람의 손을 빌려서 해결하는 것이 좋습니다. 영웅 심리에 의해서 혼란스러운 상황에 자발적으로 뛰어드는 사람도 있는데 그 역시도 좋은 처세는 아닙니다. 물론 자신이 주도적으로 나서서 혼란스러운 정국을 타개하고 진정시킬 수 있는 완벽한 준비가 되어 있는 경우라면 한번 나서는 것도 좋지만 그런 경우라도 신중을 기하는 것이 좋습니다. 왜냐하면 『장자』에 나오는 혼돈에 대한 이야기처럼 잘하려는 의도에서 했던 것이 자칫하면 그 의도와는 전혀 다른 결과가 나올 수 있기 때문입니다. 사실 혼란스러운 상황에서는 그 누구도 결과가 어떻게 나타날지 예측하기 어렵습니다. 설령 결과를 정확하게 예측했다고 해도 그 결과가 변하지 않고 계속 갈 것이라고는 속단할 수 없습니다. 특히 요즘처럼 쾌속하게 변하는 상황에서는 일단 사태를 예의 주시하면서 기회를 엿보는 것이 유리합니다. 또 경쟁자가 있을 때에는 경쟁 상대가 어떻게 하는가에 따라서 자신이 취할 수 있는 최선의 방책을 마련한 연후에 나서는 것이 좋습니다. 석복수행이라는 말이 있습니다. 이 말은 복이 찾아왔다고 그 복을 다 누리려고 하지 말고 아껴서 남겨두어야 한다는 말입니다. 복이 넘치고 운이 따른다고 함부로 넘치게 행동하지 말라는 말이지요. 중국 송나라의 승상 장상영은 "일은 끝장을 보아서는 안 되고 세력은 온전히 기대면 곤란하며, 말은 다해서는 안 되고 복은 끝까지 누비면 못쓴다"라고 했습니다. 그러므로 기쁨과 쾌락을 주는 장소라고 해도 매번 그곳에서 기쁨과 쾌락을 느끼려고 하지 말아야 합니다. 아울러 위기를 줄이기 위해서는 무엇보다 끝장을 보려고 하기보다는 어느 정도 여운을 남겨두어야 합니다. 손자는 『손자병법』에서 항복하고 도주하는 적은 끝까지 추격하지 말라고 했습니다. 왜냐하면 쥐도 막다른 골목에 몰리면 고양이를 문다는 말이 있듯이 도주하는 적들이 필사적으로 대항할 것이기 때문입니다. 그러므로 무슨 일을 하든 적정하게 주변 상황을 봐가면서 중용을 유지하는 것이 위기를 줄이는 길입니다. 이와 유사한 의미를 지닌 말로 지만계영이라는 말이 있습니다. 이 말은 차면 덜어내고 가득 차는 것을 경계하라는 말입니다. 『주역』에도 물극필반이라는 말이 있습니다. 이 말은 만물은 극에 달하면 반대로 쇠하다는 말입니다. 그렇습니다. 항룡유회라는 고사성어가 말하듯이 모든 것은 극에 달하면 쇠하게 됩니다. 이런 관점에서 볼 때 위기가 발생되는 것을 사전에 예방하기 위해서는 자신의 생활을 누군가가 지켜보고 있다는 생각을 하면서 생활하는 것이 좋습니다. 자신이 하는 행동을 자녀들이 보고 있다고 생각하면 결코 자녀들에게 부끄러운 행동을 하지 않을 것입니다. 또 자신의 모든 것을 부모가 지켜보고 있다고 생각하면 더 잘하려고 하는 것이 사람의 속성입니다. 호손의 실험에서 알 수 있듯이 사람들은 누군가가 자신의 행동을 지켜보고 있다고 생각하면 평소보다 더 잘하기 위해서 움직이는 경향이 있습니다. 또 사람은 인정의 나르시시즘이 있어서 누군가가 자신의 일에 관심을 보이고 있다고 생각하면 더 잘하려고 하는 속성이 있습니다. 또 누군가가 자신에 대해서 뒷조사를 하거나 감찰기관에서 자신의 일거수일투족을 감시하고 있다고 생각하면 조심스럽게 행동하는 경향이 있습니다. 여기서 조심스럽게 행동한다는 것은 규정대로 혹은 정석대로 행동하는 것을 의미합니다. 이는 위기가 발생되는 것을 최소화하기 위한 측면이 있다고 할 수 있습니다. 사실 대부분의 위기는 방심과 자만에서 비롯되는 경우가 많습니다. 그런데 남이 자신의 일거수일투족을 감시하고 있다고 생각하면 자기도 모르게 행동거지가 조심스러워집니다. 자칫 너무 조심해서 행동이 부자연스러워지는 경향도 있지만 자유롭게 생활하는 것보다 그렇게 하는 것이 위기가 발생될 확률이 적습니다. 어쩌면 자유를 누리고자 하는 것이 인간의 기본적인 속성이라는 점을 생각하면 감시와 통제 상태에 있다는 것은 자유를 억압당하는 것이라고 볼 수 있습니다. 실제로 감사나 사찰기관으로부터 감시를 당한다면 크나큰 위기가 아닐 수 없습니다. 또 국가기관으로부터 감독이나 감찰을 받는다면 아마도 정신적으로 멘탈이 붕괴되는 상태에 이를 것입니다. 그러므로 가능한 한 실제로 그런 일이 벌어지지 않게 하기 위해서는 자기 스스로 자신의 행동에 대해서 적법한 행동을 할 수 있도록 자기 스스로 자신의 생활을 관리 감독해야 합니다. 경우에 따라서 누군가가 자신의 생활을 감시하고 있다는 것 자체가 정신적으로 심한 스트레스라고 볼 수도 있습니다. 하지만 그런 생각보다는 자기가 평소에 절제하지 않으면 언젠가는 실제로 국가기관으로부터 감사를 받아야 하는 처지에 놓이게 된다는 생각을 가져야 합니다. 한편으로 생각하면 다른 사람의 눈치를 볼 필요는 없습니다. 사실 사람들은 각자 자기의 인생에 관심이 많습니다. 이 말은 남의 인생에 별달리 신경을 쓰지 않는다는 것입니다. 기껏해야 남이 잘되면 축하의 말을 건네고 잘못되면 위로의 말을 건넬 뿐 대부분의 사람들은 타인의 인생을 그다지 깊이 있게 알려고 하지 않습니다. 그러므로 자기가 설령 위기에 처했다고 해서 다른 사람이 자기를 도와줄 것이라는 생각은 하지 않는 것이 좋습니다. 남의 불행은 나의 행복이라는 우스갯소리가 있듯이 사람들은 남이 잘되는 것을 시기하고 남이 잘못되면 내심 속으로 쾌재를 부르기도 합니다. 그러므로 남의 눈을 의식해서 자신이 하고자 하는 일을 하지 못하는 우를 범하지 않는 것이 좋습니다. 남이야 어떻게 생각하든지 자기가 하고 싶은 일을 하면 그만입니다. 남의 눈치를 보느라고 자신이 하고 싶은 일을 하지 못하는 것처럼 어리석은 짓은 없습니다. 남이 자신의 인생을 살아주는 것이 아닙니다. 자신의 인생은 자기가 개척해야 하고, 자기가 위기에 빠졌다면 자기 스스로 위기에서 빠져나와야 합니다. 남의 도움으로 위기를 벗어나는 것은 자기의 인생을 남에게 저당 잡히는 것과 같습니다. 남의 인생은 남의 인생이고 자기 인생은 자신의 인생입니다. 그러므로 위기에 처했다고 너무 요란을 떨지 말아야 하고 자기 스스로 충분히 이겨낼 수 있는 위기라면 다른 사람이 그 사실을 알지 못하도록 하는 것이 바람직합니다. 왜냐하면 다른 사람에게 말하면 위기가 부풀려지거나 과장되는 경우도 있기 때문입니다. 그래서 이슈화하지 않으면 아무런 일이 없는 것처럼 조용히 넘어갈 일도 대단히 큰 이슈로 변질되는 경우도 있습니다. 또 구설수에 올라 자칫 남들이 몰랐다면 치르지 않아도 되는 일들을 치러야 하는 곤란한 상황에 처할 수 있습니다. 아울러 위기가 발생하는 것을 줄이기 위해서는 알아도 모르는 척하는 것이 좋습니다. 또 한신 장군이 분노를 삼키며 먼 훗날을 위해 시정잡배에게 머리를 숙였던 것처럼 지기의 감정이나 진면목을 쉽게 드러내지 말아야 합니다. 손자는 『손자병법』에서 "전쟁에서 승리를 하기 위해서는 능하면서도 능하지 않은 것처럼 보이고 쓰임이 있으면서 마치 쓰임이 없는 것처럼 보이며, 가까이 있으면서 멀리 있는 것처럼 보이고 멀리 있어도 가까이 있는 것처럼 보여야 한다"라고 했습니다. 한마디로 실상을 드러내지 말고 위장해야 한다는 말이지요. 실제로 자기의 모든 것을 가감 없이 드러내는 것은 위기를 불러올 확률이 높습니다. 한편으로 생각하면 자기의 모습을 진실하고 투명하게 있는 그대로 드러내는 것이 진실한 사람으로 보여져서 다른 사람들에게 신뢰를 얻을 수 있다고 생각할 수 있습니다. 하지만 보는 사람의 관점에 따라 어떤 사람은 진실하게 보기도 하지만 또 다른 사람은 자기 자랑을 하는 것으로 비춰질 수 있습니다. 그러므로 자기 자랑으로 비춰질 수 있는 능력이나 업적을 드러내는 것은 금해야 합니다. 또 자기의 힘을 과시하거나 자랑하지 말아야 하고 자기의 강점은 숨기고 상대의 강점은 칭찬해야 합니다. 자기의 자랑거리를 말하지 않고 상대방의 자랑거리를 칭찬하는 것이 다른 사람들과 우호적인 관계를 유지하는 비결입니다. 가치부전이라는 말이 있습니다. 마치 어리석은 척을 한다는 말입니다. 또 대지약우라는 말이 있습니다. 이 말은 큰 지혜는 어리석음과 같다는 말입니다. 난득호도나 도광양회 등 중국 고전을 보면 남들에게 어리석은 척을 하고, 남들이 보지 않는 곳에서 자기를 단련해야 한다는 말이 많이 나옵니다. 누가 강자인지를 정확히 알지 못하는 상황에서 자기의 실력을 자랑하는 것은 강자에게 잡아먹힐 수 있는 위기를 초래하게 하는 발단이 됩니다. 괜히 자기 자랑을 하다가 강자의 표적이 되면 기사회생이 불가능한 상태에 이르도록 강자에게 짓밟힐 수 있습니다. 그러므로 잘나갈수록 더 머리를 조아려야 하고, 공적을 쌓을수록 더 겸손해야 합니다. 그것이 강자의 레이더망에서 벗어날 수 있는 지혜로운 처세입니다. 아울러 사람을 판단할 때 보여지는 겉모습만 보고 판단하는 우를 범하지 말아야 합니다. 앞서 말한 것처럼 자신의 진면목을 드러내지 않는 사람이 많기 때문입니다. 손자는

『손자병법』에서 천 리를 가도 피곤하지 않은 것은 적이 없는 곳으로 가기 때문이며, 공격하여 반드시 취할 수 있는 것은 적이 지키지 않는 곳을 공격하기 때문이라고 말합니다. 또 공격을 잘하는 자는 적이 지켜야 할 곳을 알지 못하게 하고 수비를 잘하는 자는 적이 공격할 곳을 알지 못하게 해야 한다고 했습니다. 그러면서 무형의 경지에 이르고 소리가 없는 지경에 이르면 능히 적의 운명을 좌지우지할 수 있는 경지에 이른다고 했습니다. 이 말은 적을 이기기 위해서는 자기의 모습을 드러내지 말고 공격을 할 때는 적이 어디를 공격하는지를 모르게 해야 하며, 수비 역시 적이 어디를 공격해야 할지를 결정할 수 없도록 자기의 약점을 드러내지 말아야 함을 의미합니다. 위의 손자의 말처럼 위기의 상황에 처하지 않기 위해서는 다른 사람들이 자기를 볼 수 없게 만들어야 합니다. 철저히 자기를 비밀에 부쳐야 한다는 말이지요. 극단적으로 말해서 자기가 투명인간이면 자기는 다른 사람의 모든 것을 볼 수 있지만 다른 사람은 자기를 볼 수 없기 때문에 자기의 안전을 도모할 수 있습니다. 또 자기가 마음만 먹으면 언제든 상대방을 자신의 뜻대로 공략할 수 있습니다. 그래서 세상에서 가장 무서운 적은 보이지 않는 적입니다. 보이지 않는 적은 언제 어느 때 어디에서 공격을 해올지를 모르기 때문에 더욱 두려운 것입니다. 그러므로 위기를 줄이기 위해서는 자기를 무형의 경지에 이르도록 해야 합니다. 그 경지에 이르면 적의 운명을 좌지우지할 수 있다는 말의 의미에는 무형과 무음의 경지에 이르면 타인에 의해 자신의 운명이 결정되는 위기 상황에 빠지지 않는다는 의미가 내포되어 있습니다.

08

준비의 금맥,
학습

THREE ≡ TUNNELS

평생 배운다는 생각을 하지 않으면 위기를 맞을 확률이 높습니다. 배우고 익힌다는 것은 자기를 더 나은 사람으로 변화시킨다는 것이고 매일 반복되는 생활에서 벗어나 보다 새로운 사고를 하고 있다는 것을 의미합니다. 현실에 안주하고 시대적인 변화를 선도하지 않으면 필연적으로 위기를 맞게 됩니다. 그래서 앞서가는 기업에서는 잘나갈 때 위기의식을 가지고 새로운 변화와 혁신을 꾀하기도 합니다. 현실에 안주하지 않고 변화하고 혁신을 해야만이 다가오는 위기를 겪지 않게 된다고 하면서 말이죠. 그 말이 맞습니다. 이제는 초고속으로 변하는 속도 경쟁시대여서 자칫 현실에 안주하거나 과거를 답습하는 것은 생존경쟁에서 밀릴 수밖에 없습니다. 특히 약육강식의 경쟁 논리에서 오래도록 살아남기 위해서는 변화의 속도보다 더 빠른 속도로 변하지 않으면 도태될 수밖에 없습니다. 그래서 변화는 위기를 극복하기 위한 것이 아니라 앞으로 다가올 위기를 피하는 것입니다. 즉 변화하지 않으면 가만히 앉아서 위기를 겪게 됩니다. 위기에 처했을 때도 위기에서 벗어나기 위해서는 변화해야 합니다. 위기가 오기 전에 변화한다면 위기가 닥쳤을 때 변화하려는 것보다 더 수월하게 변화를 도모할 수 있습니다. 앞서가는 기업의 경영자나 잘나가는 사람들은 앞날의 위기를 먼저 예측하는 선견지명의 지혜를 가지고 있습니다. 그들은 오늘 어렵고 힘들더라도 변화하지 않으면 내일에는 더 큰 고통과 위험이 뒤따르기 때문에 변화에 박차를 가하는 것입니다. 오늘 뛰지 않으면 내일에는 뛰고 싶어도 뛸 수 없는 상황에 처한다고 생각하는 사람들이 혁신가입니다. 변화관리 전문가들은 살가죽이 벗겨지는 아픔을 감내하고 변화를 도모해야 한다고 말을 합니다. 또 오늘 변하지 않으면 내일은 변화를 하려고 해도 그럴 기회조차 없게 될 것이라고 말을 합니다. 왜냐하면 현실에 안주하고 변화를 추구하지 않으면 앞으로 현실에 안주할 자리마저 사라지기 때문입니다. 수년간 몸담아온 직장인이 어느 날 갑자기 구조조정으로 인해 불가피하게 퇴사해야 한다는 통보를 받으면 그야말로 억장이 무너질 것입니다. 그런 유사한 위기 상황에 처할 수 있기 때문에 변화의 기회가 왔을 때 신속하게 변화를 도모해야 하고 평소 변화에 필요한 역량을 기르는 데 힘을 모아야 합니다. 변화는 위기를 피할 수 있는 만병통치약입니다. 그렇다면 변화하기 위해서 가장 먼저 해야 하는 것은 무엇일까요? 모든 변화는 배움에서 시작됩니다. 아는 만큼 보이고 보이는 만큼 느낀다는 말이 있듯이 알아야 변화를 모색할 수 있고 아는 만큼 변화하게 됩니다. 즉 많이 알면 알수록 많은 변화를 하게 되고 모르면 모르는 만큼 현실에 안주하게 됩니다. 사실 아는 것이 없으면 변화를 하려고 해도 어떻게 변화를 해야 할지 혹은 어떤 방향으로 변화를 해야 할지를 모르게 됩니다. 그렇습니다. 배우고 익히지 않으면 변화를 하고 싶어도 변화를 할 수 없는 지경에 이르게 됩니다. 그러므로 변화를 하겠다고 생각했다면 가장 먼저 배우고 익히는 데 주력해야 합니다. 마찬가지로 위기를 피하는 가장 기본적인 비결 중 하나는 배우고 익히는 것입니다. 배움에는 왕도가 없을 정도로 누구나 배우고 익힐 수 있습니다. 배우는 그 자체가 변화이고 그 속에서 위기와 마주치지 않기 위해 자신이 무엇을 어떻게 해야 하는지를 스스로 알게 됩니다. 배우고 익히는 과정에서 생각과 생각을 거듭하게 되고 그 속에서 스스로 위기를 피할 묘책을 찾게 되는 것이지요. 그렇기 때문에 배우고자 하는 학문이 어렵고 고난도의 지식이라고 해도 회피하지 말고 일단 배움의 길에 나서야 합니다. 어렵고 난해한 학문일수록 더 많은 고민과 노력을 해야 하기 때문에 더욱 많은 생각을 깊이 있게 하게 됩니다. 더 많이 생각하고 더 깊이 생각하는 사람이 그렇지 않은 사람보다 위기에 처할 확률이 낮습니다. 대부분의 위기는 자기도 모르는 순간에 찾아온다고 말을 하는데 모든 위기가 저절로 찾아오는 경우는 없습니다. 또 우연히 불현듯 갑자기 찾아오는 위기는 없습니다. 오늘의 불행은 과거 언젠가 자신이 행한 악습으로 인해 생기는 것이라는 말이 있듯이 모든 위기는 누적되어 그 모습이 나타나게 됩니다. 그러므로 위기의 씨앗을 뿌려도 위기의 새싹이 자라지 못하도록 마음의 토양, 생활의 토양, 정신의 토양, 습관의 토양을 만들어야 합니다. 그런 토양을 만드는 가장 좋은 양분이 바로 학습이라는 양분입니다. 배우고 익히는 가장 좋은 방법은 독서입니다. 위기가 발생되는 것을 줄이기 위해서는 수시로 책을 읽으면서 자기 삶의 행간에 담겨 있는 일들을 돌아보는 것이 좋습니다. 책을 읽다 보면 책에 담긴 내용을 이해하는 측면도 있지만 책의 내용에 견주어 자기의 삶을 돌아볼 수 있는 내공이 길러집니다. 즉 책의 내용으로 볼 때 자기의 삶은 어떠한가 혹은 책에서 말하는 진리대로 자신은 삶을 제대로 살고 있는가를 돌아보게 됩니다. 단순히 책에 담긴 내용을 이해하는 것은 잡다한 지식만 머릿속에 담는 것과 같습니다. 또 자기의 경험 지식이 아닌 단순히 이론적으로 익혀지는 지식은 오히려 자기 행동의 옳고 그름을 판별하는 데 혼란만 가져올 뿐입니다. 책에 담겨진 내용을 머리로 이해하고 그것이 자신의 경험과 융합되어 더 나은 내일을 여는 단초가 될 때 그것이 참다운 독서가 됩니다. 단순히 눈과 입으로 수백 권에 달하는 책을 읽었다고 해서 책을 잘 읽은 것은 아닙니다. 책의 내용을 이해하는 차원을 넘어서 그 내용이 삶에 농축되고 행동화되어야 진정으로 책을 읽은 것이라고 볼 수 있습니다. 책을 읽는 사람은 그렇지 않은 사람보다 자신의 삶을 질적으로 향상시킬 수 있습니다. 또, 신중하게 말하고 조심스럽게 행동하며 자기 언행의 옳고 그름을 스스로 여과해서 다른 사람의 기분을 나쁘게 하지 않습니다. 또 늘 모르는 것을 새롭게 배운다는 낮은 자세로 생활하기에 자만하지 않고 겸손하게 사람들을 대합니다. 그런 사람에게 위기가 발생될 확률은 지극히 낮습니다. 대부분의 위기는 주어진 상황을 면밀하게 살펴보지 않고 자기 마음대로 무턱대고 선택하고 행동하는 데에서 발생되는 경우가 많습니다. 그러기에 자만과 오판을 줄이기 위해서는 책을 통해 모르는 것을 배우고 익히며, 자신의 삶을 반추하는 시간을 많이 가져야 합니다. 책은 자기 생활의 모든 것을 비춰주는 거울과 같습니다. 책의 내용이 거울이 될 수 있고 책에 담긴 한마디 문장이 자기의 삶을 통째로 바꾸는 단초가 되기도 합니다. 위기가 발생되는 것을 미연에 막아주는 책, 위기가 발생되었을 때 이를 슬기롭게 극복하는 비결을 담은 책 등 위기와 직간접적으로 관련된 책을 읽으면서 위기 대처 능력을 기르는 것도 좋습니다. 더 나아가 인간이 가진 본성과 인류의 흐름 혹은 역사의 흐름과 시대적인 상황이나 인간관계에 대한 본질적인 원리 등을 담은 인문학 관련 책을 읽는 것도 좋습니다. 그러한 책들이 삶을 더욱 숙성시켜주는 좋은 효소가 될 것입니다. 사람이 만든 책보다 책이 만든 사람이 더 많다는 말이 있듯이 책은 위기에 약한 사람을 위기에 강한 사람으로 단련시켜주는 명약입니다. 채찍이라는 말은 책과 닮았습니다. 채찍을 빠르게 발음하면 책이라고 들리기도 합니다. 그래서 필자는 정신을 깨워주는 채찍과 같은 것이 책이라고 곧잘 말합니다. 반복해서 말을 하지만 인생은 한 방입니다. 즉 불행한 인생이 그 한 방으로 인해 행복한 인생으로 대역전의 기회를 맞을 수 있고 풍요로운 생활이 한 방의 실수로 인해 가난한 생활로 바뀔 수 있습니다. 그 실수의 한 방에 걸리지 않도록 해야 하고 때로는 성공의 한 방을 노려서 대역전의 발판으로 삼아야 합니다. 실수의 한 방에 걸리지 않아야 하는 것들 중 가장 대표적인 것이 위기입니다. 우리네 인생은 일정한 시기가 되면 오르막길에서 내리막길을 걸어야 하고, 때로는 기쁨을 맛보고 때로는 슬픔을 맛봐야 합니다. 그런 우리네 인생을 보다 평온하게 살게 하는 단초가 되는 것이 바로 책입니다. 책은 수많은 기회가 숨어 있는 그야말로 인생의 보물 창고입니다. 위기를 피하는 방법도 책에 있고 기회를 얻는 방법도 책에 있습니다. 아울러 독자님이 중년에 접어들었다면 자기계발 도서를 읽어보기를 권장합니다. 대부분의 자기계발 서적에는 꿈과 목표에 대한 내용이 즐비합니다. 또 성공적인 미래를 꿈꾸는 청년들에게 힘과 용기를 주는 내용들이 주를 이룹니다. 이에 더하여 사회생활을 하는 데 필요한 에티켓과 커뮤니케이션 및 대인관계 스킬에 대한 내용도 많습니다. 그래서 일반적으로 자기계발 관련 도서는 청소년이나 청장년들이 읽는다고 생각합니다. 하지만 중년 넘어 위기를 줄이고 기회를 잡기 위해서는 청소년기에 읽었던 자기계발서를 다시금 읽어보기를 권장합니다. 자기계발서를 젊은 사람들이 읽어야 한다는 편견을 깨야 합니다. 중년에 다시금 자기계발서를 읽다 보면 이미 상식적으로 알고 있는 사실을 실제 행동으로 구현하지 못했다는 것을 깨닫게 됩니다. 이미 자기계발서를 읽는 수준을 뛰어넘어 인문학 고전을 읽고 있다면 틈틈이 자기계발 서적을 읽어보기를 적극 권장합니다. 아마도 청년기에 읽으면서 깨달은 것보다 더 깊이 있는 깨달음의 지혜를 얻을 수 있을 것입니다. 그렇습니다. 자기계발은 청년기에 해야 하는 것이 아니라 평생에 걸쳐 해야 하는 계발입니다. 또 나이를 먹을수록 혼자 있는 시간이 많다는 점을 생각하면 자기계발 서적을 읽어야 하는 핵심 계층은 중년이라는 생각도 듭니다. 어렵고 혼란스러울수록 기본을 돌아봐야 한다는 말이 있듯이 나이 들어 위기를 줄이고 기회를 늘리기 위해서는 과거 청년기로 돌아가 자기계발 서적을 필독하기를 적극 권장합니다. 사실 자기계발을 한다는 것은 자기를 자기 스스로 잘 관리하는 것이라고 할 수 있습니다. 자기 관리를 잘하는 것이 위기를 줄이고 기회를 늘리는 가장 기본적 요건이자 필수 조건입니다.

09

준비의 허들,
고비

THREE ══ TUNNELS

  살아온 삶을 반추해보면 인생을 살아오면서 고비가 많았다는 것을 알 수 있습니다. 직장생활과 가정생활 그리고 사회생활 등 특정한 생활을 하는 부문마다 그리 평탄하지 않았음을 쉽게 발견할 수 있습니다. 이토록 우리네 인생 여정은 고비로 점철되어가는 삶이라는 생각이 듭니다. 성공이라는 양탄자가 고통의 씨줄과 인내의 날줄로 짜여진 것이라면 인생 역시 위기에 찬 고비의 씨줄과 이를 이겨내는 극복의 날줄로 엮여 있습니다. 그 당시 그 고비를 잘 넘겼기에 오늘이 있다는 생각이 듭니다. 만약의 경우 그 당시 그 고비를 순탄하게 넘기지 못했다면 오늘의 필자는 없을 것이라는 생각이 듭니다. 그렇습니다. 우리네 인생은 그다지 평탄한 삶이 아닙니다. 등산을 하다 보면 험난하고 위험한 코스가 있는데 그 코스를 넘지 못하면 더 이상 높은 곳에 오를 수 없습니다. 마찬가지로 높이 오르기 위해서는 일정한 고비를 잘 넘겨야 합니다. 그 고비가 바로 위기의 순간입니다. 직장인이 무사히 정년퇴임을 하게 된 것 역시도 신입 사원 시절의 어렵고 힘든 시절을 잘 넘겼기에 그에 이른 것입니다. 만약의 경우 고비를 잘 넘기지 못했다면 어땠을까요? 만약의 경우 그 고비에 함몰되어 나락으로 떨어졌거나 중도 포기했다면 어떻게 되었을까요? 그렇습니다. 살아오는 과정에서 새로운 일을 하거나 낯선 곳으로 이사를 하는 등 평소와 다른 환경에 접하는 과정에서는 필연적으로 고비라고 하는 위기의 순간이 찾아오게 마련입니다. 그런 위기의 순간을 잘 넘겨야 합니다. 만약의 경우 위기를 잘 견뎌내지 못한다면 그 위기에 함몰되어 인생의 나락으로 떨어질 것입니다. 고비 하나를 넘기고 나면 그 고비를 넘겼던 경험으로 말미암아 다른 고비를 넘길 수 있는 힘이 길러집니다. 또 고비를 넘는 과정에서 겪었던 수많은 경험과 지혜로 말미암아 새롭게 맞아들이는 고비 역시도 순탄하게 넘길 수 있는 내성이 길러집니다. 그러므로 고비의 순간에 처했다면 평소에 생활을 하던 일상적인 습관에서 벗어나 새로운 길을 모색해야 합니다. 다시 말해서 새로운 각오와 결연한 생각을 가지고 고비를 잘 넘기기 위해서 어떻게 해야 할 것인가를 생각하면서 생활해야 합니다. 한마디로 말해서 고비의 순간에 처하면 일상적인 평범한 생활이 아니라 전시 상황이라 생각하고 긴장해야 합니다. 고비를 잘 넘길 수 있는 사람이 높은 곳에 오를 수 있습니다. 눈물 젖은 빵을 먹어보지 않은 사람은 인생을 논하지 말라는 말이 있듯이 인생은 고달프고 힘든 여정입니다. 또 그러한 고통과 인내가 담겨 있지 않은 인생은 그다지 좋은 인생이 아닙니다. 인생은 기쁨과 쾌락으로 만들어지는 삶이 아니라 슬픔과 아픔이 서려야 진한 향기를 품습니다. 살아오는 여정에서 다양한 경험을 다채롭게 한 사람이 높이 성장합니다. 하나의 고비를 잘 넘겼다면 인생의 계단을 한 단계 오른 것입니다. 살아온 삶을 돌아볼 때 위기에 찬 고비를 잘 넘겨왔다면 그 인생은 진한 향기가 나오는 좋은 인생이라고 할 수 있습니다. 인생의 향기는 그냥 피어나는 것이 아니라 적정한 위기에 적정한 고통 그리고 그것을 극복할 수 있는 인내와 노력이 잘 버무려져야 피어납니다. 운전을 하다 보면 안전 운행을 한다고 하더라도 타인의 부주의한 운전으로 인해서 위험한 상황에 처하는 경우가 있습니다. 자칫하면 대형 사고로 번질 수 있는 상황을 잘 넘기면 무사하게 목적지에 이를 수 있습니다. 이처럼 운전을 하는 것과 마찬가지로 인생을 살아오는 과정에서는 그 순간순간마다 혹은 시간시간마다 고비의 위기가 있기 마련입니다. 그러한 고비의 위기를 잘 넘겨야 합니다. 그러기 위해서는 자신이 살아온 삶을 돌아보는 과정에서 자신에게 처했던 고비의 순간을 생각해보고 그 고비가 어떤 원인으로 인해서 생긴 것인지를 스스로 생각하고 분석해보는 시간을 가져야 합니다. 과거에 자신이 지내온 고비를 생각하고 성찰하는 과정은 바로 자신의 인생을 더욱 의미 있게 풀어가는 과정입니다. 자기 인생의 고비는 그냥 시간이 해결해주는 것이 아닙니다. 또 타인에 의해서 고비를 넘길 수도 있지만 궁극적으로 자신의 인생은 자신의 것이라는 생각을 가져야 합니다. 또 위기에 처해 있는데도 이제껏 해오던 생활 패턴을 유지하는 것은 위기의 몸집을 불리는 결과를 자아낼 뿐입니다. 그러므로 위기에 처했다면 가장 먼저 자신의 생활 모드를 위기 모드로 즉시 변경해야 합니다. 사람은 자신이 만나는 사람과 장소 등 자기가 자주 접하는 곳에서 위기가 발생되는 경우가 많습니다. 왜냐하면 자신이 평소 자주 가는 장소와 만나는 사람이 자신의 생활 전반을 점유하고 있기 때문입니다. 자신의 생활 패턴을 바꾸는 세 가지 요소는 사람, 시간, 그리고 장소입니다. 즉 자신의 생활 패턴을 바꿀 요량이면 자신이 자주 만나는 사람과 자주 가는 장소를 바꾸고 자기 생활의 시간 패턴을 변경해야 합니다. 자주 만나는 사람과 자주 가는 장소가 자기 생활 습관을 형성하는 데 가장 큰 영향을 줍니다. 또 시간의 패턴은 자기 생활 습관의 근간을 이루는 요소로 생활 패턴을 바꾸기 위해서는 가장 먼저 시간 패턴을 바꾸는 것이 좋습니다. 시간은 생명입니다. 즉 자기의 인생은 시간이라는 날줄과 생활이라는 씨줄로 엮여 있습니다. 그러므로 자신의 생활 패턴을 바꿀 요량이면 가장 먼저 자기 인생 패턴의 두 축의 하나인 시간의 패턴을 바꾸는 것이 필요합니다. 아울러 대대적인 변화를 꾀하기 위해서는 생활 패턴을 바꾸는 것인데 이 패턴을 이루는 두 축은 사람과 장소입니다. 즉 자기가 자주 만나는 사람에 의해서 자기가 만들어지고 자기가 자주 가는 장소에 의해서 자기가 만들어집니다. 그래서 부정적인 사람을 많이 만나면 부정적인 사람이 되고 술집에 자주 가면 술꾼이 됩니다. 그러므로 자신의 생활 패턴을 바꾸기 위해서는 가장 먼저 자기가 자주 만나는 사람과 자주 가는 장소를 바꿔야 합니다. 착한 사람이 되기 위해서는 착한 사람을 자주 만나서 그 선한 기운을 받아야 하고 술을 끊기 위해서는 술과 접하는 장소를 멀리해야 합니다. 마찬가지로 위기에서 벗어나기 위해서는 위기를 벗어나는 데 도움이 되는 사람을 자주 만나야 하고 위기를 피할 수 있는 장소에 자주 가야 합니다. 사실 위기는 생활 습관으로 인해서 빚어지는 경우가 많습니다. 무분별하게 돈을 낭비하는 소비 습관으로 인해 돈의 위기가 오고, 건강을 해치는 식생활 습관으로 인해 건강의 위기가 오며, 신중하지 않은 말의 습관으로 인해 말다툼의 위기가 찾아오게 됩니다. 그러므로 위기에 처했다면 사람과 시간과 장소의 3요소에 따른 각각의 전략을 세워서 위기 극복을 위한 대책을 세워야 합니다. 가장 중요한 것은 사람과 시간과 장소에 따른 패턴을 바꾸지 않으면 결코 현실에 닥친 위기를 벗어날 수 없다는 점입니다. 아울러 새롭게 변화된 생활 패턴으로 인해 자칫 예상하지 못한 위기가 올 수도 있으므로 새로운 패턴에서 발생될 수 있는 위기가 무엇이 있는지를 면밀하게 살피면서 신중하게 생활해야 합니다. 위기에 강한 사람은 위기에 처했을 때 위기를 슬기롭게 극복하는 사람이 아니라, 위기가 오지 않도록 사전에 잘 예방하는 사람입니다. 자기에게 처한 위기를 슬기롭게 극복하는 사람은 사실 위기에 강한 사람이기보다는 소 잃고 외양간을 고치는 격에 비유할 수 있습니다. 그럼에도 불구하고 자신이 처한 위기를 극복하는 데 주력해야 하는 것은 그 위기를 벗어난 경험이 또다시 위기에 처했을 때 다시금 역경을 이겨낼 수 있는 회복탄력성을 주기 때문입니다. 위기에 처하는 것도 습관이고 위기에 처했을 때 이를 슬기롭게 극복하는 것도 습관입니다. 그러므로 앞서 말한 것처럼 사람과 시간과 장소에 대한 세 가지 요소를 늘 신중하게 관리하면서 자신의 생활 습관에 부정적인 영향을 주거나 위기를 불러올 수 있는 소지는 없는지를 들여다보면서 신중하게 생활해야 합니다. 권투 시합을 할 때 상대방으로부터 비교적 충격이 약한 가벼운 주먹을 자주 맞다 보면 주먹에 견뎌내는 내성이 생깁니다. 하지만 잦은 펀치를 너무 많이 맞으면 충격이 쌓여서 결국 기사회생이 불가능한 정도로 녹다운되는 상황이 올 수도 있다는 점을 알아야 합니다. 마찬가지로 가벼운 위기가 자주 발생하면 반드시 큰 위기에 봉착할 수도 있다는 점을 생각해서 그 어떠한 경우에도 위기가 발생되지 않도록 해야 합니다. 아울러 위기가 발생되는 것을 줄이기 위해서는 르상티망의 함정에 빠지지 말아야 합니다. 르상티망은 니체(Friedrich Wilhelm Nietzsche 1844-1900)가 논의한 것을 이어서 셸러가 전개한 개념입니다. 니체는 "인류는 원래 도덕적 가치관을 소유하고 있지 않으며, 행위의 기준을 적대적인 가치관에 의하여 판단을 했다"고 말합니다. 그러나 강자에 대한 반감이 이러한 가치관을 전도시켜 이른바 도덕적 선악의 관념이 생겼다고 말합니다. 니체는 그 배후에서 작용하고 있는 심리를 르상티망이라고 명명했습니다. 고귀한 것을 추구하기 위해서 혹은 남이 부러워하는 것을 소유하기 위해서 하는 일련의 심리가 르상티망에 의한 것이라고 할 수 있습니다. 셸러는 "르상티망은 가치 의식과 노력의 관계 속에서 생긴다"고 말합니다. 즉 자신이 생각하는 가치를 추구하기 위해서 노력하는 과정이 바로 르상티망이라는 것이지요. 그런데 대부분의 사람들이 가치 기준을 판단할 때 자신의 주관적인 견해에 따라 판단하기보다는 자신이 처한 사회적인 환경과 여건에 따라 판단하는 경우가 많습니다. 왜냐하면 그렇게 하는 것이 더불어 함께 사는 사회에서 추방당하지 않고 상생의 삶을 사는 방법이라고 생각하기 때문입니다. 대부분의 사람들은 자기 곁에 있는 사람들과 호흡을 함께 하면서 평범하게 사는 것을 원합니다. 아니 다수의 의견에 따라 생활하는 것이 자기의 생명을 유지하는 길이라고 생각합니다. 그래서 다소 자기의 뜻과 다르고 자신이 원하는 바가 아니어도 다수의 사람들이 선호하면 그것을 따라 하는 사람들이 많습니다. 이를 설득의 심리학에서는 다수 증거의 법칙이라고 하죠. 즉 다수의 사람들이 하면 그에 대한 세세한 것을 관찰하거나 조사를 하지 않고 아무 생각 없이 따라서 행동을 한다는 것이 바로 다수 증거의 법칙입니다. 다수 증거의 법칙에 준하는 행동이 바로 르상티망의 함정에 빠지는 행동이라고 할 수 있습니다. 하지만 때로는 다수의 사람들이 하는 행동이라고 하더라도 자신이 진정으로 원하는 것이 아니라면 그것을 행하지 않는 것이 자신에게 생길 수 있는 위기를 최소화하는 길입니다. 그렇습니다. 때로는 모두가 다니는 큰길을 고수하기보다는 남들이 가지 않는 좁은 길로 가는 것도 좋습니다. 물론 위기가 예상될 정도로 눈에 보이는 길을 계속해서 고집하는 것은 올바른 선택이 아닙니다. 가장 좋은 선택은 르상티망의 함정에 빠지지 않도록 자신의 주관을 확고하게 가져야 한다는 것이지요. 즉 다수의 사람들이 하고 있다고 해도 언제든 위기의 상황이 올 수 있다는 생각으로 신중하게 행동해야 하며 위기가 발생될 조짐이 보이면 언제든 발을 뺄 수 있을 정도의 준비를 하는 것이 자신에게 닥칠 수 있는 위기를 줄일 수 있는 최상의 방책입니다. 아울러 위기를 줄이기 위해서는 사회적 대세에 편승해야 할지 혹은 독자적으로 자신의 길을 가는 것이 좋은지를 선택해서 앞으로 다가올 크나큰 위기를 가져올 일에 빠져들지 말아야 합니다. 특히 강자나 힘이 있는 사람들은 약자들을 다스리기 위해서 그럴싸한 명분과 실리를 내세워서 다수의 사람들이 르상티망의 함정에 빠지도록 하는 경향이 있습니다. 강자들은 약자들을 어떻게 다스려야 하며 어떻게 요리해야 하는지를 잘 압니다. 또 어떻게 해야 약자들이 자신들이 원하는 르상티망의 함정에 빠지도록 한다는 것을 잘 알고 있죠. 그러므로 강자나 혹은 자신보다 높은 지위에 있는 사람과 함께 생활을 할 때에는 늘 그런 사람들이 파놓은 함정에 빠지지 않도록 신중에 신중을 기하는 것이 위기를 줄일 수 있는 최선의 길입니다. 손자는 『손자병법』에서 자기가 멀리 돌아가더라도 적에게 이로운 듯이 유인하여 적보다 늦게 출발하고도 더 빨리 도착하는 것이니 이것이 우직지계를 아는 것이라고 했습니다. 사노라면 지름길을 가는 것보다 오히려 돌아가는 것이 더 빠를 수 있습니다. 곡즉전이라고 해서 직선적인 생각보다는 곡선적인 생각이 오히려 득이 됩니다. 인생은 1차방정식이 아니라 2차방정식이라고 하는 말의 의미에는 인생은 직선적인 삶이 아니라 유선형의 곡선적인 삶이라는 의미가 담겨 있습니다. 즉 계속해서 승승장구하는 것도 아니고 지속적으로 성장하는 것이 아니라는 말이죠. 인류의 역사 역시 성장과 쇠퇴를 반복하는 과정에서 성장했듯이 우리네 삶 역시 계속 일률적으로 성장하는 삶이 아닙니다. 실패와 성공을 반복하고, 성공과 좌절을 반복하며, 상승과 하강을 반복하는 과정에서 진화를 하기도 하고 때로는 절체절명의 위기 상황에 처하기도 합니다. 그러므로 무슨 일을 하든 우회해서 가는 것이 오히려 빠르게 간다는 생각으로 때로는 한 발 물러설 줄 알아야 합니다. 특히 이해관계가 충돌하는 상황에서는 일시적으로 손해를 보더라도 사람을 얻는다는 생각으로 우회적으로 대응하는 것이 장기적으로 볼 때 위기를 줄이는 길입니다. 직선을 고집하지 않고 유연하게 곡선적인 삶을 산다는 것은 자기의 모습을 숨기는 것이라고 할 수 있습니다. 주연을 고집하며 앞에 나서는 것도 좋지만 조연의 역할을 하는 것이 장기적으로 볼 때 주연보다 더 빛나는 인생을 살 수 있음을 알아야 합니다.

10

준비의 보약,
인내

THREE ⟹ TUNNELS

『성경』에 시작은 미미하나 그 끝은 창대하리라는 말이 있습니다. 이 말은 시작이 극히 미미하고 사소하지만 계속해서 끝까지 하다 보면 그 끝은 거대하고 육중하게 된다는 말입니다. 또 이 말의 본질은 시작이 사소하고 미미하다고 해서 우습게 보지 말고 끝까지 참고 견뎌야 함을 이르는 말입니다. 시작의 중요성을 강조하는 측면도 있지만 더 중요한 것은 끝까지 참고 견뎌야 함을 더 강조하는 말입니다. 그렇습니다. 무슨 일을 하든 시작은 미미합니다. 모든 전문가는 처음에는 초보였다는 말이 있듯이 모든 시작은 사소하고 미미합니다. 마치 겨자씨만 한 씨앗처럼 말이죠. 중요한 것은 겨자씨만 한 씨앗이 시간이 흐르고 세월이 흐르면 거목이 된다는 점입니다. 하지만 단순히 씨앗을 뿌리기만 해서는 거목으로 자라지 않습니다. 세찬 비바람과 거센 기후에 견뎌야 하고 때로는 번개나 폭풍과도 싸워야 합니다. 그러한 우여곡절을 겪으며 묘목이 거목으로 성장하는 것이 자연의 이치입니다. 마찬가지로 모든 일의 시작은 미미합니다. 그럼에도 불구하고 시작 시점에서 소소하고 미미하다고 그 일을 우습게 보거나 정성을 다하지 않는다면 첫 단추를 잘못 끼운 것과 같은 형국이 됩니다. 그러므로 시작단계에서 늘 정성을 다하는 것이 좋은 결과를 얻을 수 있는 비결입니다. 아울러 일정한 경지에 이를 때까지 어렵고 힘든 상황을 잘 견뎌내야 진정으로 타의 추종을 불허하는 전문가의 대열에 오를 수 있습니다. 어떤 일을 하든 처음에는 낯설고 서툴기 마련입니다. 자신의 관심 분야가 아니라고 해서 못하겠다거나 혹은 해당 분야는 경험이 없어서 시도하지 않으려고 하는 것은 전문가의 경지에 이를 수 있는 기회를 놓치는 것과 같습니다. 그러므로 전혀 해본 적이 없는 일이라고 해도 중도에 포기하지 않으면 일정한 경지에 오를 수 있다는 생각으로 차근차근 기초부터 착실하게 다지는 것이 위기를 줄일 수 있는 최상의 길입니다. 물론 처음에는 낯설고 해보지 않는 분야라서 잦은 실수가 생기기 마련입니다. 또 너무 조심하고 긴장한 탓에 자기답지 않은 어처구니없는 실수를 하는 경우가 생길 수 있습니다. 그럼에도 불구하고 전문가 대열에 오르기 위해서는 모두가 당연히 거쳐야 하는 관문이라는 생각으로 결코 포기하지 말아야 합니다. 사실 익숙하지 않은 일을 하다 보면 실수를 하게 마련입니다. 그렇다고 해서 그만둘 수 없는 상황이라면 시작은 미미하나 끝은 더욱 창대할 것이라는 확신을 가지고 쉼 없이 정진하고 또 정진하는 것이 위기를 줄일 수 있는 최상이 방책입니다. 즉 일의 시작단계에서 시행착오로 인한 위기를 기꺼이 감수할 줄 알아야 추후에 더 큰 위기가 발생되는 것을 막을 수 있습니다. 그렇지 않고 중도 포기한다면 장기적으로 볼 때 더 큰 위기를 맞을 수 있습니다. 흔히 위기가 기회라고 말을 하는데 소소한 위기를 지혜롭게 극복하는 과정에서 생기는 경험적인 지혜가 훗날 발생될 수 있는 더 큰 위기를 막을 수 있다는 점에서 위기가 기회인 것입니다. 결코 위기 자체가 기회는 아닙니다. 그렇다면 일정한 경지에 오르면 위기가 완전히 발생하지 않을까요? 반드시 그런 것은 아닙니다. 높은 경지에 오르면 오를수록 위기가 발생되는 빈도는 적어지지만 위기의 볼륨과 크기는 더 커집니다. 즉 초보단계에서는 위기가 발생해도 일에 큰 지장을 주지 않지만 높은 경지에 오르면 오를수록 작은 위기로 인해 일 전체가 무너지게 될 확률이 높아집니다. 그러므로 높은 경지에 오르면 더욱 심사숙고해서 일을 처리해야 하며, 올바른 선택과 결정으로 더 큰 위기 상황에 봉착하지 않도록 주의에 주의를 더해야 위기를 줄일 수 있음을 명심해야 합니다. 일이 서툰 초보단계에서 각별히 주의해야 하는 것이 있다면 다른 사람의 조언을 무시하지 않는 것입니다. 『명심보감』에 나를 선하다고 하는 사람은 나의 적이요, 나를 악하다고 하는 사람은 나의 스승이라는 말이 있습니다. 즉 자신의 잘못된 점을 꾸짖어주고 자신의 일에 대해서 조언을 해주는 사람은 자기의 스승이고, 칭찬을 하고 격려하면서 자신의 마음을 흡족하게 해주는 사람은 적이라는 말입니다. 사람은 감정의 동물입니다. 그러기에 자신에게 조언하거나 꾸중하는 사람을 본능적으로 꺼립니다. 또 자신의 일에 대해서 칭찬보다는 비난을 하고 자신을 악하다고 말하는 사람을 좋아하는 사람은 없습니다. 자신에게 조언하는 사람을 스승으로 삼으려는 태도 자체는 자신이 충분히 수양이 되었기 때문에 가능한 것입니다. 타인의 말에 부화뇌동하지 않고 자신의 일관된 철학과 신념을 지킬 수 있을 정도로 강건한 심신을 가진 사람은 남의 말에 일비일희하지 않습니다. 그렇습니다. 주변 상황에 쉽게 흔들리지 않는 부동심의 경지에 이르러야 비로소 다른 사람의 조언이나 싫은 소리를 하는 사람을 스승으로 생각하게 됩니다. 타인의 시기와 질투에 분노나 화를 표출하기보다는 자신의 행동을 돌아볼 수 있는 사람은 위기가 발생되는 것을 미연에 막을 수 있습니다. 또 자기를 악하다고 하는 사람까지도 자신의 스승으로 삼을 수 있는 사람은 주변에 적이 없는 사람일 가능성이 높습니다. 자신을 착하다고 말하는 사람을 자신의 적이라고 생각하라는 말은 자신에게 아첨하거나 아양을 떠는 사람을 경계해야 함을 이르는 말입니다. 또 자기를 악하다고 말하는 사람이 스승이라는 말은 자신의 악한 점을 말해주는 사람의 말을 잘 경청해서 자기 행동의 잘잘못을 따져보는 기회로 삼아야 함을 의미합니다. 자신을 나쁘게 말하는 사람을 스승으로 섬길 수 있으려면 자존감이 강해야 합니다. 즉 남이 자신을 나쁘게 말해도 이를 견뎌 낼 수 있는 강한 자존감을 지녀야 합니다. 그렇지 않으면 자신을 악하다고 말하는 사람의 말에 감정이 휘둘리게 됩니다. 남이 자신을 나쁘게 말해도 그저 아무 일이 없는 것처럼 정서적으로 안정된 감정상태를 유지할 수 있다면 그야말로 고수의 경지에 이른 것이지요. 속이 좁거나 대범하지 못하면 자신을 나쁘게 말하는 사람의 말에 화를 내게 됩니다. 하지만 남의 말을 거울삼아 자신의 허물을 고칠 수 있는 사람이 좋은 사람이고 발전적인 사람이며 미래 지향적인 사람입니다. 또 남의 말을 통해 자신을 돌아볼 수 있는 사람에게는 위기가 발생될 확률이 낮습니다. 자신을 악하거나 선하다고 말하는 사람을 구별한다는 것은 자기 자신만을 생각하는 것이 아니라 눈을 밖으로 돌려서 남을 관찰할 수 있는 여유를 가진 사람입니다. 독불장군처럼 남의 말에 신경을 쓰지 않고 오로지 자신의 안위만 생각하는 사람은 남의 평판에 신경 쓰지 않습니다. 타인의 평판에 너무 과민하게 반응하는 것도 좋지 않지만 어느 정도 남의 시선을 의식해서 생활하는 것도 자신에게 닥쳐올 위기를 미연에 방지하는 효과가 있습니다. 자신에 대해서 선악을 말해주는 사람이 주변에 있다는 것은 자신의 인생을 관찰하고 신경을 써주는 사람이 많이 있다는 것을 의미합니다. 한편 남에게 조언을 할 때는 자칫 서로 간의 관계가 악화될 수 있으므로 신중하게 조언해야 합니다. 노자는 『도덕경』에서 "천지는 어질지 않다. 만물은 풀 강아지를 대하듯 무시하거나 아끼지 않는다. 성인도 어질지 않다. 백성을 풀강아지를 대하듯 무시하거나 아끼지 않는다. 이 세상은 커다란 풀무와 같지 않은가? 건드리지 않으면 아무 일도 일어나지 않지만 힘써 건드릴수록 바람이 거세게 일어난다. 말이 많으면 이익이 없으니 차라리 중도를 지키는 편이 낫다"고 했습니다. 여기서 천지가 어질지 않다는 말은 세상이 녹록하지 않다는 말로 해석할 수 있습니다. 즉 삶은 어질거나 순하지 않고 힘들고 어렵다는 말입니다. 또 성인도 어질지 않다는 말은 성인이라고 해도 어질지 않은데 하물며 보통사람들은 능히 어질지 않을 수밖에 없다는 말로 해석할 수 있습니다. 그러므로 세상이 순할 것이라고 기대하지 말고 사람들이 어질 것이라 생각하지 말아야 하며, 오로지 무소의 뿔처럼 혼자서 가야 합니다. 그렇다고 해서 독불장군처럼 혼자서 삶을 살아야 한다는 말은 아닙니다. 대부분의 위기는 간섭과 지시와 통제에서 발생하는 경우가 많습니다. 즉 남의 일에 간섭하고 다른 사람에게 지시하고 다른 사람을 자신의 뜻대로 통제하려는 데에서 위기가 발생된다는 것이지요. 그러므로 억지로 남에게 충고를 하거나 남을 가르치려고 하지 말고 자연이 그러하듯 자신의 역할과 책임에 충실한 삶을 살아야 위기를 줄일 수 있습니다.

THREE

TUNNELS

3장

기회의
굴

기회를 부르는
기회

THREE ⚏ TUNNELS

좋은 생각을 하면 좋은 행동을 하고 나쁜 생각을 하면 나쁜 행동을 할 확률이 높습니다. 왜냐하면 인간은 생각의 동물이라서 생각에 의해서 감정에 변화가 생기고 그 감정에 기인하여 행동하기 때문입니다. 어떠하든 간에 생각은 행동에 많은 영향을 줍니다. 그러므로 위기가 발생되는 것을 줄이기 위해서는 무엇보다 좋은 생각을 해야 하고 위기가 발생되지 않게 하는 생각을 많이 하는 것이 바람직합니다. 이에 더하여 이성적인 생각에 기인하여 행동해야 하며, 결코 생각보다 감정이 앞서지 않도록 자신의 마음을 다스리는 것이 필요합니다. 생각의 속성상 생각을 이성으로 잡아두지 않으면 감정에 편승하여 감정적인 행동을 하게 합니다. 감정적인 행동은 이성적인 행동에 비해 위기를 불러올 확률이 큽니다. 왜냐하면 감정적인 행동은 즉흥적인 행동이고 계산적인 행동이 아니기 때문입니다. 또 신중하게 생각해서 행동하는 것이 아니라 당시 상황에 처한 감정에 따라서 행동하기 때문에 리스크가 많습니다. 앞서 좋은 생각을 하면 좋은 행동을 한다는 것도 일련의 좋은 생각을 하는 습관을 갖고 있으면 좋은 행동을 한다는 말입니다. 마찬가지로 나쁜 생각을 하는 사람이 나쁜 행동을 하는 것은 나쁜 생각으로 인해 나쁜 행동을 했던 경험이 많아서 그런 습관이 몸에 밴 것이라고 볼 수 있습니다. 그래서 위기가 생기는 것을 미연에 방지하기 위해서는 나쁜 생각에 기인하여 나쁜 행동을 하는 습관을 없애는 것이 반드시 필요하다는 것이지요. 좋은 생각을 하는 습관을 길러야 하는 가장 중요한 이유는 좋은 생각에 기인하여 좋은 행동을 하게 되면 그것이 습관으로 형성되어 나쁜 생각을 할 틈이 생기지 않기 때문입니다. 대부분 위기를 겪는 사람들의 공통점 중 하나는 부정적인 생각을 많이 한다는 점입니다. 부정적인 생각을 하는 사람의 주변에는 부정적인 생각을 하는 부류들이 모이게 되고 그로 인해 주변 사람들에게 위기를 주기도 합니다. 그런 차원에서 볼 때 좋은 생각으로 좋은 행동을 하는 사람보다 나쁜 생각으로 나쁜 행동을 하는 사람이 위기에 처할 확률이 높다고 볼 수 있습니다. 그러므로 위기에 처했다면 위기를 위기라고 생각하는 것도 중요하지만 한편으로는 위기는 기회라는 생각으로 위기를 대하는 것이 기회를 가져올 확률이 높습니다. 말이 씨가 된다는 말이 있듯이 위기에 처했을 때 부정적인 태도로 매사에 임하다 보면 없던 위기가 생겨서 결국에는 자기가 자기 자신을 위기의 수렁으로 빠져들게 하는 형국이 됩니다. 그러므로 자신의 주변에는 항상 기회가 넘쳐나고 있다는 생각으로 위기관리를 하는 것이 바람직합니다. 하루의 시작은 아침에 있고 1년의 시작은 1월에 있습니다. 모든 일에는 처음이 있고 끝이 있기 마련입니다. 그래서 하루를 알차게 살기 위해서는 아침에 좋은 계획을 세우고 새해를 알차게 보내기 위하여 새해 첫날에 한 해의 계획을 세웁니다. 이와 같이 위기가 발생되는 것을 줄이기 위해서는 출발이 좋아야 합니다. 무슨 일을 하든 첫 단추를 잘 끼워야 한다는 말이 있듯이 위기를 줄이기 위해서는 처음 시작단계에서 좋은 출발을 해야 합니다. 특히 단기간에 성과를 내야 하는 일을 할 때에는 특별히 시작 지점에서 신중을 가해야 합니다. 왜냐하면 성과를 내는 데 오랜 기간이 소요되는 일은 처음에 잘못되어도 어느 정도 중간단계에서 수정 보완의 여지가 있지만 단기간에 성과를 내야 하는 일을 할 때에는 수정 보완의 여지가 없기 때문입니다. 그러므로 위기가 생기는 것을 줄이기 위해서는 기간에 구분 없이 시작단계에서 신중하고 치밀하게 전략을 세워서 일을 시작하는 것이 바람직합니다. 물론 시작이 좋다고 해서 모든 결과가 좋게 나오는 것은 아닙니다. 하지만 시작이 좋으면 결과가 좋게 나올 확률이 높습니다. 그러므로 무슨 일을 하든 시작 지점에서 신중을 기해야 합니다. 즉 하루를 시작하는 아침에 그날 하루를 어떻게 보낼 것이며, 하루 동안 무슨 일이 생길지 등 하루를 설계하고 계획을 세우는 시간적 여유를 가져야 합니다. 아울러 정신이 혼미할 정도로 산만한 상태에서 하루를 시작하지 않는 것이 매우 중요합니다. 육상 경기에서 부정 출발을 하면 실격 처리가 되듯이 모든 일의 시작단계에서 부정적인 마음으로 출발하면 부정적인 결과가 나올 확률이 높습니다. 그러므로 좋은 결과가 나오도록 하기 위해서는 처음부터 좋은 결과가 나올 것이라는 긍정적이고 희망적인 마음을 가지고 일을 시작하는 것이 바람직합니다. 좋은 생각을 하면 좋은 일이 생긴다는 피그말리온 효과가 말하듯이 좋은 마음과 긍정적이고 희망적인 마음가짐을 가지고 일에 임하면 좋은 결과가 나올 확률이 높습니다. 결과적으로 위기가 발생되는 것을 줄이기 위해서는 그 어떤 경우든 긍정적이고 희망적인 태도로 임해야 합니다. 사노라면 1년 365일 아침이 매번 좋을 수는 없습니다. 어떤 날은 기분 좋은 소식을 듣고 하루를 시작하는 경우도 있고 또 어떤 날은 슬픈 소식이나 심적으로 큰 충격적인 소식을 듣고 하루를 시작하는 경우도 있습니다. 위와 같이 하루 아침의 시작이 좋지 않았다면 능히 그럴 수 있다거나 혹은 액땜을 했다는 생각으로 하루 일과를 다시금 시작하는 것이 좋습니다. 그래야 감정적으로 안정된 상태에서 편안하고 안정된 마음으로 하루를 시작할 수가 있습니다. 하루 아침을 잘 시작하는 것 자체만으로 그날은 기회를 잡을 확률이 높다고 볼 수 있습니다. 로마신화에 등장하는 제우스의 아들 카이로스는 기회의 신으로 널리 알려져 있습니다. 카이로스의 앞머리에는 머리가 풍성하고 뒷머리는 없으며 손에는 칼과 저울이 있고 발에는 날개가 달려 있습니다. 카이로스의 앞머리가 무성한 이유는 사람들이 자기를 봤을 때 쉽게 잡을 수 있도록 하기 위함이고, 뒷머리가 대머리인 이유는 자신이 지나가면 사람들이 다시는 붙잡지 못하도록 하기 위해서입니다. 또 발에 날개가 달린 이유는 최대한 빨리 사라지기 위함입니다. 그러므로 기회라는 것이 다가오면 기회가 아닌지 혹은 위기인지를 저울로 빨리 판단해서 칼로 결단력 있게 결정을 해야 합니다. 만약에 그 시점을 놓치고 기회가 지나가면 뒷머리가 없어서 잡을 수 없고, 날개 달린 발로 빠르게 도망가기 때문에 쉽게 잡을 수 없게 됩니다. 그렇습니다. 기회는 기회가 왔을 때 잡아야지 그때 잡지 못하면 다시 잡을 수 없는 속성을 가지고 있습니다. 기회를 잡기 위해서 가장 중요한 것은 앞서 말했듯이 기회인지 아닌지를 직감적으로 분별하는 능력을 가지고 있어야 합니다. 그래서 기회라고 생각하면 단호하게 승부수를 띄워야 합니다. 그런데 대부분의 사람들이 기회를 기회라고 생각하지 못하는 까닭은 위기를 피하려고만 하거나 모험을 걸지 않으려는 안일한 생각을 갖고 있기 때문입니다. 사실 기회를 잡기 위해서는 혼신의 힘을 기울여야 하고, 굳건한 신념과 불굴의 도전정신이 가미되어야 합니다. 왜냐하면 객관적으로 기회라고 생각되는 일에는 수많은 경쟁자들이 몰리기 때문입니다. 아울러 보통의 일반 사람들에게 보이지 않는 특별한 기회를 찾기 위해서는 남다른 특별한 통찰력과 미래를 예견할 수 있는 천리안을 지녀야 합니다. 즉, 다수의 사람들이 몰리지 않는 기회를 잡기 위해서는 그런 기회를 볼 수 있는 혜안을 평소에 길러두어야 한다는 것이지요. 평소에 책을 많이 읽거나 다방면에 걸쳐 수많은 것들을 경험하는 등 지식과 지혜가 많아야 남들이 보지 못하는 기회를 볼 수 있습니다. 아울러 사람은 편향적인 심리로 인해 어느 한쪽을 생각하면 그 방향에 편중되어 다른 방향을 보지 못하는 속성을 가지고 있습니다. 그래서 기회임에도 불구하고 기회를 보지 못하는 것이지요. 그러므로 기회의 순간이 기회라는 것을 알기 위해서는 자기에게 닥친 모든 상황이 자신에게는 절호의 기회라는 태도로 생활하는 것이 매우 중요합니다. 왜냐하면 무학대사의 말처럼 돼지 눈에는 돼지만 보이고 부처의 눈에는 부처만 보이듯이 기회를 노리는 사람에게는 기회만 보이기 때문입니다. 일반적으로 자기에게 닥친 상황이 기회라는 것을 판단하기 위해서는 현재 자기가 시간 가는 줄 모르고 할 정도로 즐거운 일을 하고 있다면 그 순간이 최고의 기회라고 생각해야 합니다. 또 남들이 보기에는 어렵고 힘들지만 자신은 오히려 보람을 느끼고 있다면 그 역시도 기회를 잡은 것이라고 할 수 있습니다. 또 스트레스보다는 재미가 많고, 자신이 하는 일에 대해서 스스로 자부심을 가지고 있다면 그 역시도 기회를 잡은 것입니다. 또 자기가 가는 여정이 실패의 여정이 아니라 성공의 여정이고 쇠락의 여정이 아니라 성장의 여정이라고 생각하면 그 여정은 기회의 여정입니다. 기회가 기회를 부릅니다.

02

안정 속에
싹트는 기회

THREE ━━━ TUNNELS

새롭게 변화하기 위해서는 익숙한 것과 결별하고 보다 혁신적인 대안을 마련해야 합니다. 새로운 도전과 보다 진화된 삶을 위해서는 무엇보다 익숙한 것과 기꺼이 결별하고 불편함을 감내해야 합니다. 그것이 변화관리의 일반적인 공식입니다. 하지만 자기 삶에서 위기가 발생되는 것을 최소화하기 위해서는 무엇보다 익숙한 것과 더욱 친해질 필요가 있습니다. 즉 새로운 도전도 좋고 새로운 변화도 좋지만 보다 안정적인 생활 패턴을 유지하기 위해서는 익숙한 것을 더욱 진화시키는 것이 좋습니다. 낯설고 익숙하지 않은 도로를 운전하는 것보다 평소에 매일 다니는 도로를 오가는 것이 보다 안전합니다. 마찬가지로 자신의 삶에서 위기가 발생되는 것을 줄이기 위해서는 평상시 하던 것을 반복해서 하는 것이 안정적인 측면에서 유리합니다. 대부분 어떤 위기가 발생되면 위기가 발생된 원인을 해소하여 다시금 동일한 위기가 발생되지 않도록 하는 것이 효율적입니다. 그런데 대부분의 사람들은 위기를 한번 겪으면 그 원인을 찾아서 해결을 하기보다는 새로운 방책을 모색하는 경우가 많습니다. 평소에 계속 다니는 도로에서 교통사고가 날 뻔한 상황에 처하면 그러한 위기가 발생되지 않도록 조심 운전하거나 원인을 제거하면 됩니다. 마찬가지로 위기가 발생되면 근본적으로 그러한 위기가 발생된 원인을 찾아서 다시는 동일한 위기가 발생되지 않도록 자신의 생활방식이나 태도를 개선하는 데 역점을 두는 것이 위기를 줄일 수 있는 길입니다. 한마디로 말해서 위기가 발생된 좋지 않은 기억으로부터 도망가지 말고 다시금 위기에 맞서서 당당하게 대항하는 것이 위기를 줄일 수 있는 보다 효과적이고 효율적인 방법입니다. 앞서 익숙한 것과 더욱 친해져야 위기가 발생되는 것을 줄일 수 있다고 해서 새로운 방법이나 방책을 모색하지 않고 기존의 방법을 답습해야 한다는 말은 아닙니다. 이 말의 진정한 의미는 기존에 해왔던 방법을 고수하되 그 방법에 보다 새로운 방법을 결부시켜야 한다는 의미가 내포되어 있습니다. 일례로 현재 다니는 직장에서 스트레스를 받는다고 무조건 그 직장을 그만두고 다른 직장으로 이직을 하는 것보다 현재의 직장에서 그 스트레스가 발생되는 원인을 찾아서 그 원인을 제거하고 새로운 마음가짐으로 직장생활을 하는 것이 이직을 하는 것보다 위기가 적습니다. 물론, 이런저런 좋지 않은 기억을 모두 제거하고 컴퓨터를 다시 부팅하는 것처럼 새로운 방법을 모색하는 것도 좋은 방법이지만, 계속해서 위기가 발생될 때마다 그렇게 할 수는 없는 노릇입니다. 그러므로 위기가 발생되었다고 해도 그 상황에서 벗어나려고 하지 말고, 그 상황을 재정비하여 다시는 동일한 위기가 반복해서 발생되지 않도록 하는 것이 바람직합니다. 왜냐하면 익숙한 것은 이미 몸에 익었기 때문에 안정적으로 생활 패턴을 유지할 수 있기 때문입니다. 위기가 발생되는 것을 줄이기 위한 가장 기본적인 요건은 안정성입니다. 1차적으로 생활이 안정되고 심신이 안정되어야 위기가 발생되는 것을 줄일 수 있습니다. 그렇지 않고 낯선 것을 접하면서 긴장하다 보면 자기도 모르게 실수하게 되는 우를 범할 수 있습니다. 그런 측면에서 볼 때 익숙한 것과 더 친해지는 것이 위기를 줄일 수 있는 좋은 방법입니다. 여기서 말하는 익숙함에는 좋은 습관을 의미하는 익숙함을 의미합니다. 불법적이고 나쁜 습관으로 점철된 익숙함이 아닙니다. 나쁜 습관에 중독되어 있는 익숙한 생활은 당연히 결별해야 합니다. 신토불이라는 말이 있듯이 지켜야 하는 자신의 익숙한 생활 습관은 기본적으로 유지하되 나쁜 생활 습관은 익숙해지기 전에 과감하게 결별하는 것이 바람직합니다. 아울러 그 익숙한 것 중에서도 가장 중요한 것이 무엇인지를 발견하고 그것에 집중하는 것이 위기를 줄이는 길입니다. 인생을 살면서 정말로 중요한 것이 무엇인지를 아는 사람은 위기가 오는 것을 미리 예방할 수 있습니다. 그렇지 않고 살아가는 데 없어서는 안 되는 중요한 것이 무엇인지를 모르는 사람은 스스로 위기에 빠지는 어리석은 행동을 반복하게 됩니다. 대부분 크나큰 위기가 발생되는 공통적인 원인은 신경 써야 하는 것에 신경 쓰지 않아서 생기는 경우가 많습니다. 귀중품을 잃어버리는 위기도 귀중품에 신경 쓰지 않아서 생기는 일이고, 건강이 악화되는 위기도 건강에 신경 쓰지 않아서 생기는 일입니다. 이처럼 위기는 무관심과 방심에서 발생되는 경우가 많습니다. 정작 중요한 것이 따로 있는데 그것에 치중하지 않고 허튼 곳에 신경 쓰다 보니 그러한 위기에 처하는 것입니다. 인생의 본질은 즐겁고 유익한 행복을 추구하는 데 있습니다. 즉 행복한 삶을 살기 위한 인생이 인생의 본질입니다. 그렇습니다. 인생에서 중요한 것은 자신의 인생을 행복하게 하는 일을 하는 것입니다. 그런데 미래의 행복을 위해서 오늘의 인생을 불행하게 사는 사람들이 많습니다. 또 현실에서 행복을 누리는 삶을 살아야 하는데 내일의 행복을 위해서 오늘의 불행을 기꺼이 감수하려는 사람들이 많습니다. 행복이 먼 곳에 있는 것이 아니라는 것을 알면서도 그리하는 것이지요. 이는 직장에서 살아남기 위해 불철주야 일에 몰두하여 건강을 챙기지 못하는 것과 같습니다. 사실 직장에서 일을 하는 본질적인 목적은 행복한 인생 기반을 다지는 데 있습니다. 즉 가장 기본적인 생계 유지를 위해 직장생활을 하고 지속적인 자기 성장을 위해서 일을 합니다. 그런데 행복한 생활이 가정에 있는데도 불구하고 가정을 등한시하고 직장 일에만 몰두하는 것은 인생의 본질을 망각하고 헛수고를 하는 것이라고 할 수 있습니다. 직장에서 성공하면 무엇을 할 것이고 돈을 많이 벌면 무엇을 할 것인가요? 직장에서 승진하고 포상을 받고 인정을 받으면 행복한 감정을 느끼기에 많은 직장인들이 직장 일에 올인하는 경향이 있습니다. 그것이 결코 나쁘다는 것은 아닙니다. 너무 편중되게 가정을 등한시하고 직장에 얽매이는 것이 문제라는 것이지요. 가정에 인생이 담겨 있습니다. 또 직장인들이 힘든 상황에서도 직장을 그만두지 못하고 계속해서 다니는 이유는 가정의 행복을 위해서 그러합니다. 가정과 직장 중 어느 하나를 포기해야 한다면 모두가 직장을 포기할 것입니다. 그럼에도 불구하고 현실에서는 가정보다 직장에 편중된 생활을 합니다. 물론 사회적인 여건과 처한 환경이 직장에 몰두할 수밖에 없는 흐름으로 돌아가는 것은 사실입니다. 또 직장 일이 즐거워야 가정이 평온한 것 역시 사실입니다. 그럼에도 불구하고 직장은 직장일 뿐입니다. 직장이 가정이 될 수는 없다는 사실을 망각하지 않아야 합니다. 인생을 살아가면서 정말로 중요한 것이 무엇인지를 아는 사람은 쓸데없는 일에 신경 쓰지 않습니다. 크고 작은 그러한 일들을 모두 신경 쓰다 보면 머리가 터져서 결국은 정신적인 스트레스로 인해 주저앉게 될 것입니다. 그러므로 인생을 살아가면서 마음 편하게 살기 위해서는 인생에서 정말로 중요하다고 생각하는 것에만 가급적이면 신경을 써야 합니다. 또 신경 쓰지 않아도 될 일은 그냥 웃어넘기거나 무관심한 태도로 임하는 것이 상책입니다. 시시콜콜 잡다한 일에 모두 신경 쓰다 보면 정작 신경 써야 하는 중요한 일에 신경 쓰지 못하게 됩니다. 『성공하는 사람들의 7가지 습관』의 저자 스티븐 코비 박사는 긴급하고 중요한 것에 신경 써야 인생을 건전하게 살 수 있다고 말합니다. 모든 사람들에게 평등하게 주어지는 것은 시간입니다. 부자이고 능력이 있다고 그 사람에게 많은 시간이 주어지는 것이 아닙니다. 또 가난하고 능력이 없다고 해서 그 사람에게 적은 시간이 주어지는 것이 아닙니다. 모두에게 공평하게 동일한 시간이 주어집니다. 즉 자기에게 주어진 시간을 어떻게 활용하느냐에 따라서 자신의 인생이 바뀌게 됩니다. 정작 해야 하는 중요하고 긴급한 일을 하지 않고, 쓸데없는 일에 시간을 소비하는 것은 인생을 헛되이 보내는 것과 같습니다. 그러므로 인생의 위기에 처하지 않기 위해서는 자신에게 주어진 시간을 자신의 인생에서 중요하게 생각하는 일에 사용해야 합니다. 정말로 중요한 것은 직장의 일이 아니라 가정의 일이고, 정말로 소중하게 생각해야 하는 것은 타인이 아니라 자기를 위해서 헌신적으로 희생하는 자기를 사랑해주는 사람입니다. 또 정말로 중요한 일은 자기 인생에 가장 많은 영향을 주는 일이고, 정말로 소중하게 생각해야 하는 것들은 자기 인생에 가장 많은 도움이 되는 것들입니다. 그런데 자신의 성공을 위해서 가정사를 등한시하고 자신이 사랑해야 하는 소중한 사람들에게 아픔을 주는 인생은 결국은 불행한 인생이라는 결과를 초래합니다. 결국 위기가 왔다는 것은 불행한 상황에 처한 것이고 위기가 없다는 것은 행복한 삶을 살고 있다는 표징입니다. 즉 위기에 처하지 않도록 자신의 인생에서 정말로 중요하고 긴급한 일에 몰두하는 것이 행복을 일구는 길입니다. 그렇지 않고 자신의 인생에 전혀 도움이 되지 않는 일에 집착하는 것은 자신의 인생을 불행으로 이끄는 결과를 자아냅니다. 주로 정작 중요한 일을 하지 못하는 사람들은 일에 중독된 사람입니다. 그런 류의 사람들은 무엇이 중요하다는 것을 그 누구보다 잘 알고, 또 어떻게 시간을 소비해야 자신의 인생이 행복하게 될 것이라는 것을 그 누구보다 잘 압니다. 그럼에도 불구하고 그런 사람들이 자신의 인생에서 중요하고 긴급한 일에 치중하지 않고, 가끔은 엉뚱한 일에 신경을 쓰는 것은 일을 대하는 습관 때문입니다. 그런 사람들은 공통적으로 일에 착수하면 물불을 가리지 않고 일에 빠져드는 습성을 지녔습니다. 그래서 성과를 중시하는 사람은 인간관계에 소홀히 하다가 결국에는 불행한 결과를 자아내는 경우도 있습니다. 그렇다고 해서 관계를 중시하고 성과를 등한시하는 사람에게 위기가 오지 않는다는 말은 아닙니다. 객관적으로 볼 때 성과를 중시하는 사람보다 관계를 중시하는 사람이 더 행복하게 삽니다. 일에 너무 열정을 쏟다 보면 주변을 돌아볼 겨를이 없게 됩니다. 또 그 일을 하지 않으면 실패한 인생이 될 것 같고 그 일을 완수해야 인생이 행복할 것 같은 착각에 빠지게 됩니다. 대부분 일 중독에 빠지는 성향을 가진 사람들이 바로 그러합니다. 하지만 일 중독이 아닌 안정에 중독될 때 기회의 싹이 자란다는 것을 알아야 합니다.

03

기꺼이 행하면 기회

THREE ≡ TUNNELS

대부분의 사람들이 자기에게 이익이 되는 일을 하고 싶어 합니다. 자기 인생에 전혀 도움이 되지 않고 자기와는 전혀 이해관계가 없는 일일수록 더 하기 싫은 것이 일반 사람들의 속성이지요. 자기에게 아무런 이익이 없는데 그런 일을 하고 싶어 하는 사람이 누가 있겠습니까? 그런데 위기가 발생되는 것을 최소화하기 위해서는 자기에게 손해가 되는 일이라도 적극적으로 나서서 하는 것이 좋습니다. 사람에게는 직감이라는 것이 있어서 자기가 하기 싫어하는 눈치를 보이지 않아도 다른 사람들은 그것을 쉽게 감지합니다. 굳이 말을 하지 않아도 자신이 싫어하고 있다는 것이 어떤 형태로든 상대방에게 드러나게 됩니다. 그러므로 이왕 자기가 해야 하는 일이고 어차피 해야 하는 일이라면 보다 적극적으로 그 일에 매진해야 합니다. 물론 그러다 보면 어떤 경우에는 주변머리 없고 눈치 없게 나선다고 핀잔을 주는 사람도 있을 수 있습니다. 또, 모두가 싫어하는 일인지를 알면서 적극적으로 나서는 것을 보고 어쩌면 무슨 이득이라도 얻으려고 한다고 오해하는 사람이 생길 수도 있습니다. 그럼에도 불구하고 남들이 하기 싫은 일이 있으면 보다 수비적인 차원에서 뒤로 빠져 있지 말고 보다 적극적인 태도를 취하는 것이 자기에게 오는 위기를 최소화할 수 있는 방책입니다. 단 적극적으로 나서서 일을 할 때에는 창조적인 역량을 발휘하여 다른 사람들이라면 쉽게 할 수 없을 정도의 수준으로 일을 보다 완벽하게 처리하는 것이 좋습니다. 그래서 다른 사람들이 보기에도 마치 자기 일도 아닌데 일을 정성스럽게 대한다는 느낌이 들게 해야 합니다. 그런데 대부분의 보통사람은 자기에게 그다지 이득이 없으면 그런 일을 하지 않는 경향이 있습니다. 오히려 갖은 핑계를 대고 자신이 그 일을 하지 않을 수밖에 없는 정당한 이유를 대면서 어필을 합니다. 또 어떤 사람은 마치 그런 일이 생긴 줄을 몰랐고 자기와는 전혀 관계가 없다는 식으로 아예 처음부터 관여하지 않고 눈을 딴 데로 돌리는 경향도 있습니다. 또 마치 자신은 다른 일로 인해 바빠서 그 일을 할 여력이 없다고 바쁜 척을 하는 사람도 있습니다. 또 다른 사람을 추천하면서 자기에게 책임이 돌아오지 않도록 우회 전략을 쓰는 사람도 있습니다. 하지만 그것은 장기적으로 볼 때 자기의 앞날에 전혀 도움이 되지 않습니다. 그러므로 비록 손이 많이 가는 허드렛일이라도 자기가 하는 것이 다른 사람들의 본보기가 될 정도로 해야 합니다. 정말로 하기 싫고 해봤자 자기에게 전혀 이득이 없는 일일수록 적극적으로 나서서 하다 보면 생각지도 않는 이익을 얻을 수 있습니다. 일을 시작하기 전에 전혀 이익이 없을 것 같은 부업 성격의 일인데 의외로 그 일이 잘 풀려서 주객이 전도되는 것과 같이 주업으로 바뀌는 경우도 있습니다. 그러므로 일단 역량이 있으면 그 일을 주도적으로 나서서 하는 것이 위기가 발생되는 것을 최소화하는 좋은 방책입니다. 누구나 하는 일이라면 하지 않아도 되지만 자기 이외에 그 일을 잘할 수 있는 사람이 없다고 생각된다면 기꺼이 나서서 하는 것이 바람직합니다. 그러면 주변 사람들로부터 좋은 평판을 얻을 수 있습니다. 모든 일이 술술 잘 풀리는 경우에는 모두가 좋은 사람입니다. 하지만 일이 잘 안 풀릴 경우에는 모두가 자기에게 책임이 전가되는 것을 피하기 위해 뒤로 꽁무니를 빼는 경향이 있습니다. 그럴수록 나서야 하는 이유는 적극적으로 나서서 일을 하다 보면 의외의 은인을 만나 자기 인생의 새로운 활로를 개척하는 교두보를 마련할 수 있기 때문입니다. 어디를 가든 주인다운 마음으로 일을 접하면 피동적으로 움직이던 때와는 차원이 다른 생각으로 일을 하게 됩니다. 그런 과정에서 새로운 지식과 경험을 얻게 됩니다. 단기적으로 보면 자기에게 손해가 되지만 그런 일을 경험하고 그런 경험을 쌓아두면 그것이 재약진과 재도약의 발판이 됩니다. 이

때 주의해야 하는 것은 너무 오버액션을 하지 않는 것입니다. 대부분 위기 발생률이 높은 원인 중 하나는 오버액션을 할 때입니다. 즉 평상시 다른 행동을 하거나 평소와 다른 생각으로 일을 처리할 때 주로 위기가 생깁니다. 특히 감정적으로 들떠 있는 상태에서 위기가 생기는 경우가 많습니다. 그러므로 자신의 감정상태가 평소와 다르거나 혹은 평상시에 하지 않는 행동을 한다고 생각할 때에는 그 즉시 마음을 바로잡아서 초심으로 돌아가 행동거지를 조심해야 합니다. 또 기분이 좋은 상태에 있거나 컨디션이 다운되었을 때 역시 행동거지를 신중하게 행해야 합니다. 일반적으로 사람들은 본능적으로 자신이 다른 사람보다 우월적인 위치에 있거나 모든 것을 자기 마음대로 처리할 수 있는 권한을 가졌을 때 평소와 다른 행동을 하는 경우가 많습니다. 특히 돈이 많거나 권력이 강할 때 평소와는 다른 행동을 합니다. 그러므로 자기의 감정상태가 평소와 다르다고 생각할 때에는 그 원인이 어디에 있는지를 돌아보고 그 원인이 사라질 때까지는 행동거지에 신중을 기해야 합니다. 평소와 다른 감정적인 변화가 생기면 평소에는 이성적으로 행동하는 사람도 감정적으로 행동하는 경우가 많습니다. 그러므로 정서적으로 불안한 상태에 있을 때에는 평소보다 더 깊이 생각하고 행동하되 생각의 속도를 느리게 해서 행동의 속도를 느리게 하는 것이 위기를 줄일 수 있는 최상의 길입니다. 사람의 내면에는 어린이와 성인 그리고 부모의 마음이 공존해 있습니다. 즉 사람의 언행은 이 내면에 있는 이 세 가지의 마음 중에서 상황에 맞춰서 선택적으로 행동하는 경향이 있습니다. 어린아이의 마음은 순수합니다. 이성적으로 생각해서 행동하기보다는 주변 상황을 고려하지 않고 자기 본능적으로 말을 하고 여과 없이 행동하는 사람은 어린아이의 마음상태에서 행동하는 것이라고 할 수 있습니다. 반면에 주변 상황을 고려해서 시의적절하게 주어진 상황에 맞춰서 말하고 행동하는 사람은 보다 이성적인 생각으로 성인처럼 행동한다고 볼 수 있습니다. 한편 부모의 마음상태에서 말을 하고 행동하는 사람은 어린아이를 생각하는 마음과 이성적인 성인의 마음이 서로 교차되어 보다 올바른 행동을 한다고 볼 수 있습니다. 물론 인간의 모든 행동을 앞서 말한 세 가지의 마음상태 중 어느 하나의 마음상태로 명확하게 경계를 지을 수는 없습니다. 즉 어느 정도 이 세 가지 중 어느 한 가지의 마음상태의 점유율이 높은 상태에서 말을 하고 행동을 한다는 것이지요. 어쩌면 이 세 가지 마음이 상호 조화와 균형을 이루는 상태에서 말하고 행동하는지도 모릅니다. 하지만 위기가 생기는 것을 줄이기 위해서는 공적인 업무 선상에서는 성인의 마음상태로 임하고 인간적인 마음이나 격려를 해야 할 필요성이 있는 상태에서는 부모의 마음으로 대하는 것이 바람직합니다. 아울러 진실한 마음을 전하고 순수한 마음상태에서 일을 해야 하는 경우에는 어린아이의 마음으로 임하되 가능하면 상대방을 배려하고 주변 상황을 고려해서 말을 하고 행동하는 것이 바람직합니다. 결과적으로 그 어떠한 경우에도 주변 상황을 고려하여 그때그때 다르게 말을 하고 행동하는 것이 바람직합니다. 그러므로 평소에 임기응변의 언행을 구사할 수 있도록 주변 상황을 인지하는 능력을 기르는 것이 위기가 발생될 수 있는 여지를 줄이는 길입니다. 또 경우에 따라서는 주변 상황을 자기가 원하는 상황으로 만들거나 위기가 발생되지 않는 상황을 만들어서 그다지 언행에 신경 쓰지 않아도 위기가 발생되지 않도록 하는 전략을 구사하는 것도 좋은 방법입니다.

04

유연하게 행하면
기회

THREE TUNNELS

부드러운 것이 강한 것을 이깁니다. 우리의 신체 중에서 가장 오래 살아남는 것은 혀입니다. 버드나무에서 가장 높이 있는 가지는 가장 부드러운 가지입니다. 딱딱한 것은 죽음이고 부드럽고 연한 것은 생명입니다. 살아 있는 모든 것은 유연합니다. 사람이 나이가 들면 피부가 거칠어지는 것과 같이 모든 것은 시간이 지나면 딱딱해지고 굳어갑니다. 나이가 들어갈수록 자기가 살아온 삶에서 터득한 인생 철학으로 인해 남에게 양보할 수 없는 자기만의 아집이 생기게 됩니다. 하지만 위기가 생기는 것을 줄이기 위해서는 무엇보다 부드럽고 유연하며 보다 탄력적으로 생활하는 것이 좋습니다. 부드럽게 사는 인생, 유연하게 사는 인생, 탄력적으로 사는 인생은 어느 정도 여지를 남겨두는 인생을 의미합니다. 즉 자기 관점으로만 모든 것을 해석하려고 하기보다는 타인의 관점에서 바라볼 수 있는 여유를 갖는 인생을 의미합니다. 실제로 우리네 인생사의 모든 경우에 완벽하게 통하는 단 하나의 정답은 없습니다. 굳이 시시비비를 가려서 옳고 그름을 판단하는 것은 주어진 상황과 환경, 그리고 여건에 따라 다를 뿐입니다. 오늘의 정답이 내일의 정답이 될 수 없고 오늘의 오답이 내일의 오답이 될 수는 없습니다. 모든 것은 변합니다. 변하지 않는 것이 있다면 모든 것이 변한다는 사실 그 자체입니다. 그러므로 이해관계가 얽히고설켜 있다고 해서 그 실타래를 단박에 풀려고 하지 말고 어느 정도 여지를 남겨두는 것이 바람직합니다. 묶여 있는 실타래도 그 나름으로 쓸모가 있을 때가 오기 마련입니다. 특히 스스로 위기가 생기는 것을 자처하지 않기 위해서는 무엇보다 생각의 폭을 넓게 갖는 것이 필요합니다. 생각의 폭이 넓으면 넓을수록 더 많은 생각을 하게 되고 그 생각 속에서 더욱 깊이 있는 생각을 할 수 있는 생각의 씨앗이 발아됩니다. 그러므로 어떤 고민과 걱정에 사로잡혀 있다면 그것을 단박에 해결하려고 하지 말고 시일이 지나 스스로 해결되는 때가 올 때까지 기다림의 시간을 갖는 것이 필요합니다. 남과 경쟁하는 삶, 이기려고 안간힘을 쓰는 인생, 승패를 겨뤄야 하는 삶, 누군가를 이겨야 직성이 풀리는 인생은 부드러운 삶이 아닙니다. 또 자기 혼자서 모든 것을 해결하려고 하는 사람, 자기가 없으면 안 된다고 생각하는 사람, 자신의 생각만을 고집하는 사람, 타인의 의견을 듣지 않으려는 사람, 모든 것을 단독으로 처리하려는 사람, 자기가 우월하다고 생각하는 사람, 다른 사람을 무시하는 사람, 그런 사람은 유연한 사람이 아닙니다. 그런 사람의 삶은 경직되어 굳어 있을 확률이 높습니다. 그러므로 전투적인 삶의 관점에서 벗어나 이 세상은 모든 사람들이 하나로 연결되어 있다는 우주적인 관점으로 세상을 바라보는 삶을 살아야 합니다. 그런 삶이 부드럽고 유연한 삶입니다. 또 그런 사람은 적이 없고 남을 무시하지 않으며 타인의 의견을 존중하고 모든 일을 협업해서 함께 하려고 합니다. 그런 사람이 유연한 사람이고 부드러운 사람입니다. 그런 사람은 겸손합니다. 또 성격에 구김살이 없으며 매사 긍정적인 태도로 사람들을 대합니다. 그래서 많은 사람들에게 존경받고 호감을 받으며 많은 사람들에게 친근한 기운을 줍니다. 그런 사람의 주변에는 사람이 많습니다. 또 그런 사람은 사람을 먼저 생각합니다. 그런 사람이 강한 사람을 이깁니다. 부드럽고 유연하다고 해서 단순히 다퉈야 하는 상황에서 다투지 않는 것을 의미하지는 않습니다. 또 승패를 겨뤄야 하는 상황에서 패배를 자처하라는 말이 아닙니다. 부드럽고 유연한 사람도 승패를 겨뤄야 하는 상황에서는 다퉈서 승패를 겨룹니다. 또 양보해야 하는 상황에서는 양보하지만 반드시 이겨야 하는 상황에서는 승리를 양보하지 않습니다. 즉 상황에 맞게 시의적절하게 처신하고 세상 이치와 도리에 어긋나지 않는 선에서 사람을 먼저 생각하는 선택과 결정을 해서 행동합니다. 그래서 그런 사람의 주변에는 강자들이 많이 몰립니다. 사실 강자들은 부드럽고 유연한 사람에게는 시비를 걸지 않습니다. 또 그들은 부드럽고 유연한 사람을 친구로 삼고 싶어 합니다. 그렇다고 유연하고 부드러움만으로 위기가 발생되는 것을 줄일 수는 없습니다. 위기가 발생되는 것을 줄이기 위해서는 무엇보다 강한 힘이 있어야 합니다. 『손자병법』에 병형상수라는 말이 있습니다. 이 말은 군대의 형세는 물과 같아야 한다는 말입니다. 이 말은 마치 물이 흐르듯이 유연하고 부드러우며 다투지 않고 막히면 돌아가고 팬 곳은 채운 연후에 흐르듯이 상황에 따라 그 상황에 맞게 물처럼 대응하는 것을 의미합니다. 그렇다고 해서 물이 항상 유연하고 부드러운 것이 아닙니다. 저수지의 댐이 터지면 거센 물살로 주변의 모든 것을 휩쓸어버리는 것처럼 강할 때도 있습니다. 즉 부드럽고 유연하게 흐를 때는 약해 보이지만 때로는 거센 힘을 갖고 있는 것이 물이 지닌 속성입니다. 그래서 물은 강하고 굳센 힘이 내재된 부드러움과 유연함을 갖춘 것이라고 볼 수 있습니다. 강하지만 강함을 내보이지 않는 유연함을 가지고 있는 것이 진정으로 유연한 것입니다. 단순히 유연한 것 하나만 가지고 있다면 그것은 유연함이 아니라 물러 터진 것입니다. 그런 물러 터진 힘으로는 위기가 발생되는 것을 막을 수 없습니다. 유연함이 강함을 이길 수 있는 것은 강한 것보다 더 강한 유연함이 내재되어 있기 때문입니다. 외유내강이라는 말이 있듯이 겉으로 보기에는 유연하지만 속내를 들여다보면 강함을 품고 있는 부드러움이 강함을 이깁니다. 또 유연함이 힘을 발휘하기 위해서는 강함이 수반되어야 하고 강함이 효과를 발휘하기 위해서는 유연함이 수반되어야 합니다. 그렇습니다. 강함이 있어야 유연함이 있고 유연함이 있어야 강함이 있습니다. 유연함과 강함은 동전의 양면과 같습니다. 그러므로 유연함을 필요로 할 때는 유연함으로 대응하고 강함이 필요할 때에는 강함으로 대응해야 합니다. 그것이 위기를 줄일 수 있는 길입니다. 모든 상황에 유연함으로 대처하면 매너리즘에 빠져 유연함을 유연함으로 받아들이지 않습니다. 유연함이 효력을 발휘하기 위해서는 강함이 뒤따라야 한다는 말은 강함으로 대처하다가 유연함을 발휘해야 유연함을 피부로 느끼게 된다는 말입니다. 그렇지 않고 계속해서 유연하게 하거나 강하게 하면 강한지 혹은 유연한지를 분간할 수 없게 됩니다. 유연하게 행동한다는 것에는 정신적·물질적으로 여유를 갖는다는 의미가 내포되어 있습니다. 심적으로 마음이 넉넉하고 여유가 있을 때 유연하게 행동합니다. 그렇지 않고 심적으로 긴장하거나 경직되어 있을 때는 자기 생각 위주로 행동하는 경향이 있습니다. 남의 생각은 아랑곳없이 자기 생각을 고집하다 보면 다양한 측면을 고려하지 않고 편향적으로 생각해서 행동하게 됩니다. 그러므로 긴장으로 인해 심적으로 경직되었다고 생각하면 스트레칭을 하거나 심호흡을 하면서 경직된 근육과 마음을 풀어주는 것이 좋습니다. 또 상대방의 자극에 대해서 직설적으로 반응하기보다는 일정 시간쯤을 두고 궁리를 해보는 것이 좋습니다. 왜냐하면 자극에 대해서 즉 각적으로 반응하다 보면 합리적으로 생각하는 행동보다 감정적으로 자신이 처한 분위기에 따른 반응을 보이기 때문입니다. 누차 반복해서 말을 했던 것처럼 이성적으로 행동하지 않고 감정적으로 행동하다 보면 위기에 처할 확률이 높습니다. 그러므로 목숨이 위태로운 상황이 아니라면 때로는 강 건너 불구경을 하듯 수수방관하며 주어진 상황에서 잠시 발을 빼야 합니다. 그렇게 하다 보면 잠시 동안 그 상황에서 벗어나 보다 냉철한 이성으로 주어진 상황을 재해석할 수 있는 시간적인 여유를 확보하게 됩니다. 그로 인해 보다 유연한 생각으로 유연한 행동을 하게 되는 것이지요. 대부분 유연하게 생각하지 못하는 이유는 자기만의 생각과 아집에서 비롯되는 경우가 많습니다. 자기 생각에서 벗어나 타인의 입장을 고려하여 어떤 선택이 가장 좋은가를 생각하면서 행동하는 사람은 그럴 수도 있다는 다원적인 관점에서 유연하게 생각하고 행동합니다. 아울러 마음의 여유는 물질적 안정에서 비롯되는 경우가 많습니다. 자본주의 시대인 만큼 경제적으로 빈곤한 생활을 하는 사람보다 부유한 사람이 비교적 유연하게 행동합니다. 왜냐하면 경제적으로 쪼들린 환경에서 생활하는 사람은 하고 싶은 것이 있어도 자본의 한계를 뛰어넘는 생각을 하지 못하기 때문입니다. 즉 자신이 가진 경제력의 범위 내에서 생각하고 선택을 하다 보니 많은 것을 생각하지 못하게 된다는 것입니다. 그러므로 평소 먹고사는 문제로 인해 골머리를 썩지 않을 정도로 충분한 경제력을 확보하는 것이 매우 중요합니다. 중국의 명재상으로 알려진

관중은 백성들은 경제적으로 안정되어야 예의를 알게 된다고 하면서 모든 생활은 경제력에 기인한다고 주장했습니다. 그렇습니다. 돈에 쪼들려 사는 사람은 예의나 여유를 돌아볼 겨를이 없는 것이 현실입니다. 하고 싶은 것이 있어도 경제적 여유가 없어서 어쩔 수 없이 포기해야 하는 상황에 처한 사람이 심적으로 여유가 있을 리는 만무합니다. 물론 경제적인 여유가 없어도 낙천적으로 여유 있게 사는 사람도 많습니다. 경제적으로 빈곤한 사람이 절대적으로 여유가 없다고 할 수는 없지만 객관적으로 볼 때 경제적으로 여유가 있는 사람이 생각이나 시간적으로 여유를 더 만끽한다는 사실은 부인할 수 없는 사실입니다. 아울러 유연한 사고력을 갖기 위해서는 평소 다양성을 인정하고 자기의 생각을 고집하지 않으며 모든 일을 객관적으로 바라볼 줄 알아야 합니다. 자기 편의대로 해석하고 자기 이익에 집착해서 생각하지 말아야 한다는 말이지요. 앞서 여유가 있어야 유연한 생각을 한다고 했는데 그 여유라는 것은 경제적인 안정뿐 아니라 자기에게 힘과 정보와 시간이 충분히 확보된 상태를 의미합니다. 선택의 기로에서 다양한 생각을 하기 위해서는 다양한 정보를 알고 있어야 합니다. 그 정보는 한쪽으로 편중된 정보가 아니라 모든 상황을 포괄적으로 들여다볼 수 있는 정보를 의미합니다. 하지만 힘과 정보가 있다고 해서 여유가 생기는 것은 아닙니다. 이에 더하여 시간적으로 여유가 있어야 합니다. 힘과 정보가 있다고 해도 시간이 촉박하면 유연한 생각을 할 겨를이 생기지 않습니다. 마감 시간에 임박해서 일을 하는 사람과 시간적으로 충분한 여유를 가지고 일을 하는 사람 중 누가 더 유연한 생각을 할 것인지는 불을 보듯 뻔합니다. 당연히 시간적인 여유를 가지고 있는 사람이 보다 이성적이고 합리적인 선택이 가미된 유연한 행동을 할 것입니다. 그런 유연함 속에 기회가 있습니다.

05

시간을 먹고 사는 기회

THREE ══ TUNNELS

삶에서 발생하는 위기를 줄이기 위해서는 시간이 주는 위기를 줄이는 데 힘써야 합니다. 일반적으로 사람에 의해서 위기가 발생되지만 그 속내를 들여다보면 대부분의 위기는 시간과 공간이 주는 경우가 많습니다. 이 중 공간의 위기는 어느 정도 표면적으로 나타나기 때문에 위기가 발생될 우려가 있는 곳을 개선할 수 있지만, 시간이 주는 위기는 통찰력이 없으면 쉽게 발견할 수 없습니다. 왜냐하면 인간은 1분 1초의 미래에 어떤 일이 발생될 것인지를 명확하게 예측할 수 없기 때문입니다. 그러므로 시간으로 인해 발생되는 위기를 줄이기 위해서는 무엇보다 통찰력을 기르는 것에 주력해야 합니다. 그래서 현재 시간의 상황으로 미뤄볼 때 앞으로 1분 1초 후에 무슨 일이 벌어질 것이라는 것을 예측하고 그것을 토대로 위기가 발생되지 않게 하기 위해서는 현시점에 무슨 일을 어떻게 해야 할지에 대한 전략을 세워야 합니다. 아울러 생활 속에서 시간으로 인해 발생되는 위기를 줄이기 위해서는 언제나 시간적인 여유가 확보된 상태에서 일을 하는 것이 바람직합니다. 왜냐하면 시간에 쫓기다 보면 정해진 수순에 의해서 행동하기보다는 평소와는 다른 프로세스에 의해서 행동하게 되기 때문입니다. 그러므로 약속 시간 보다 먼저 약속 장소에 나가거나 출근 시간보다 먼저 출근하는 등 정해진 시간보다 늘 10분에서 30분 정도 먼저 행동하는 습관을 길러야 합니다. 그래서 시간이 촉박해서 발생할 수 있는 서두름에 의해 발생하는 위기를 줄여야 합니다. 아울러 남에 의해서 자신의 시간이 지배되지 않도록 자기 시간의 주도권을 확보하는 것이 중요합니다. 즉 자신이 행하는 일을 자신의 기준에 맞춰 주도적으로 행하는 것이 매우 중요합니다. 익히 아는 바와 같이 남녀노소를 떠나서 모든 사람들에게 동일하게 주어진 것 중 하나는 시간입니다. 잘났다고 해서 그 사람에게 하루 48시간이 주어지거나 못났다고 해서 그 사람에게 하루 8시간이 주어지는 것이 아니라 모든 사람에게 동일한 시간이 주어집니다. 그런데 주어진 시간은 동일한데 어떤 사람은 하루 24시간을 48시간을 쓰는 것처럼 쓰고 어떤 사람은 8시간처럼 쓰기도 합니다. 즉 사회적 위치와 자신에게 주어진 역할과 책임에 따라 어떤 경우에는 하루 24시간 중에서 자기의 시간을 12시간밖에 쓰지 못하는 사람도 적잖습니다. 특히 직장인의 경우에는 자신의 노무를 제공하는 대가로 월급을 받기 때문에 최소 하루 8시간의 시간은 회사의 일에 쓰게 됩니다. 이처럼 동일한 시간이 주어졌지만 그 시간을 어떻게 활용하는가는 사람마다 각각 다릅니다. 일례로 자기가 해야 하는 일을 다른 사람이 대신하도록 하는 경우가 있습니다. 이 경우 자신의 일을 다른 사람이 하도록 한 사람은 시간을 버는 것이고, 자신의 일이 아닌데 남의 일을 하고 있다면 자신의 시간을 다른 사람에게 빼앗기는 것이라고 할 수 있습니다. 결과적으로 자기가 주도적으로 자신에게 주어진 시간을 쓸 수 있는 사람은 시간으로 인해 발생되는 위기를 줄일 수 있습니다. 또 자신이 해야 하는 일을 다른 사람이 하도록 시키는 사람 역시 자신의 시간으로 인해 생기는 위기가 줄어듭니다. 자신에게 주어진 시간에 남이 시키는 일을 하는 사람은 시간으로 인해 발생되는 남의 위기도 떠안은 형국이어서 결과적으로 시간으로 인해 발생되는 자신의 위기가 많이 발생한다고 볼 수 있습니다. 그러므로 가능한 한 자신에게 주어진 시간은 자기가 주도적으로 쓸 수 있는 삶의 인프라를 만들기 위한 일에 주력해야 합니다. 아울러 위기가 생길 수 있는 일은 다른 사람에게 아웃소싱을 해서 자신의 위기를 줄이는 것도 지혜로운 방법 중 하나입니다. 최근 산업체 현장에서 중대재해처벌법이 강화되어 하청 업체에서 안전사고가 발생하면 원청에서도 책임을 질 수 있도록 하는 법규가 제정되어 운영되고 있습니다. 익히 아는 바와 같이 대기업의 경우 안전 재해의 우려가 있는 위험한 일은 하청을 주는 경우가 많습니다. 마찬가지로 자신에게 주어진 시간을 지배하기 위해서는 자신의 일도 다른 사람이 할 수 있도록 하는 것도 좋은 방법 중 하나입니다. 특히 위험한 일이나 자기가 직접 행하면 위기가 발생될 확률이 높고 다른 전문가에게 위탁하는 것이 위기를 줄이는 길이라면 그렇게 하는 것이 상책입니다. 시간을 지배한다는 것은 자신에게 주어진 시간을 자기가 주도적으로 설계하고 자신의 전략에 따라 시간을 쓰는 것을 의미합니다. 또 자기에게 주어진 시간 동안 다른 사람의 시간까지도 자신이 지배할 수 있을 정도의 역량을 가졌다는 것을 의미합니다. 동일한 시간에 다른 사람과 동일한 속도로 똑같이 생활을 하면서 남보다 앞서간다는 것은 모순입니다. 남보다 앞서고 더 나은 생활을 하기 위해서는 자신의 시간뿐 아니라 남의 시간까지도 자신의 시간으로 쓸 수 있어야 합니다. 그 이유는 모든 사람이 시간을 동일하게 써야 하는데 어떤 사람은 자신의 시간을 남을 위해서 써야 하고 어떤 사람은 남의 시간까지도 자신의 시간으로 쓸 수 있는 것이 엄연한 현실이기 때문입니다. 그래서 시간을 지배하는 자가 강자라는 말이 일반 상식으로 통용되고 있는 것이 아닌가 하는 생각이 듭니다. 자식을 위해 자기를 희생하는 부모와 같이 자신에게 주어진 인생이라는 시간을 자식을 위한 시간으로 쓰는 부모가 있는가 하면, 자식의 시간까지도 자신을 위해 쓰도록 강요하는 부모도 있습니다. 이토록 모든 사람들에게 동일한 시간이 주어졌지만 그 시간을 활용하는 정도는 모두 다릅니다. 또 한 사람이 열 사람의 시간을 쓰는 경우도 있고 어떤 사람은 1만 명에 달하는 사람의 시간까지도 자신의 시간으로 활용하는 사람도 있습니다. 그런 것을 보면 시간을 지배한다는 것은 사람을 지배할 수 있는 힘을 가진 것이라고 볼 수 있습니다. 왜냐하면 시간을 부여받은 주체도 사람이고 시간을 쓰는 주체도 사람이기 때문입니다. 손자는 『손자병법』에서 싸울 수 있는 경우와 싸워서는 안 되는 경우를 아는 자는 승리하고 많은 물량과 적은 물량에 대해 각각의 운용법을 아는 자가 승리하며 윗사람과 아랫사람이 목표하는 것이 같다면 승리한다고 했습니다. 또 준비를 끝낸 상태에서 준비하지 못한 자를 기다리는 자가 승리하고, 장수가 유능하고 군주가 간섭하지 않으면 승리한다고 말을 합니다. 이와 마찬가지로 위기를 줄이기 위해서는 주어진 상황에 따라 시의적절하게 타이밍에 맞춰서 임기응변의 자세로 대응해야 합니다. 위기는 호시탐탐 시간의 빈틈을 노리고 있습니다. 그러므로 위기가 침투할 수 있는 여지를 주지 않는 것이 최상입니다. 즉 위기가 놓여질 수 있는 시간의 자리를 내주지 않아야 위기를 줄일 수 있습니다. 그러기 위해서는 주어진 상황과 여건에 맞게 시의적절하게 자신이 행해야 하는 도리를 다해야 합니다. 또 시간을 지배하는 가장 좋은 방법은 끊임없이 변화를 추구하는 것입니다. 매너리즘에 빠져 있다는 것은 시간에 지배당하고 있다는 것을 의미합니다. 그러므로 시간을 지배하기 위해서는 지속적으로 변화를 거듭해야 합니다. 변화를 거듭하는 사람에게 기회가 주어집니다.

06

위기를 피하면
기회

지위와 신분이 달라지거나 주로 생활하는 환경이 바뀌면 자주 만나는 사람의 층을 바꾸어야 합니다. 새로운 신분을 가지고 있으면서 과거의 신분을 가지고 있을 때 자주 만나던 사람과 계속 왕래하는 것은 과거에 한쪽 발을 묶고 현재를 사는 것과 같습니다. 그러므로 과거의 추억에 얽매여서 발생되는 위기를 줄이기 위해서는 과거에서 빠져나와야 합니다. 물론 과거를 완전히 지울 수는 없습니다. 또 역사를 모르는 민족은 과거도 없고 현재도 없다는 말이 있듯이 과거는 현재를 알게 하는 지표가 되기도 합니다. 하지만 그렇다고 해서 현재의 새로운 신분에서 형성된 새로운 인맥에 신경을 써도 모자랄 시간에 과거의 신분에서 맺어진 인맥에 시간을 쏟는 것은 득보다 실이 많습니다. 또 그로 인해 위기가 발생될 우려 또한 많습니다. 그러므로 위기를 줄이기 위해서는 새로운 환경에 접어들면 그 환경에 맞는 사람들과 어울리는 것이 상책입니다. 새 술은 새 포대에 담아야 한다는 말이 있듯이 새로운 환경에 적응하기 위해서는 그 환경에 적합한 사람들과 자주 교류해야 합니다. 물론 어느 정도 새로운 환경에 적응하는 기간까지 새로운 환경에서 접하는 사람들보다 과거의 환경에서 만나던 사람들과 빈번하게 교류를 하는 것이 위기를 줄일 수 있는 길이기도 합니다. 자주 반복해서 말을 하지만 위기는 사람을 통해서 오기도 하지만 사람을 통해서 줄어들거나 제거되는 경우도 많습니다. 그러므로 항상 주어진 환경에서 위기를 줄이기 위해서는 어떻게 해야 할 것인지를 생각하면서 신중하게 행동하되 필요하다면 새로운 환경에 조기 적응하기 위해 과거의 인맥을 동원하는 것도 좋은 방법입니다. 사람은 자기가 처한 지위나 역할과 책임에 따라 인맥의 층을 달리합니다. 즉 계절에 맞는 옷을 입듯이 자기가 처한 지위와 역할과 책임에 맞는 인맥을 형성하는 것이지요. 운동선수의 인맥에는 운동선수가 많고 부자들의 인맥에는 부자들이 많습니다. 유유상종이라는 말이 괜히 생긴 것이 아닙니다. 사람들은 자신에게 생길 수 있는 위기를 미연에 방지하기 위한 차원에서 자기와 유사한 사람들과 무리를 형성하려는 본능이 있습니다. 그런 관점에서 볼 때 위기를 줄일 수 있는 가장 좋은 방법은 자기가 처한 환경에 맞는 사람들과 자주 교류하고 자신에게 맞는 역할과 책임에 맞는 사람들과 자주 교류하는 것입니다. 아울러 주변 상황을 예의 주시하면서 생활해야 합니다. 마치 운전을 하듯 말이죠. 요즘은 차가 없으면 생활이 불편할 정도로 자동차는 생활의 일부분이 됐습니다. 운전의 원리를 생활에 접목하면 위기를 미연에 방지할 수 있습니다. 즉 운전의 원리대로 생활을 하면 기회의 종착지에 안전하게 도착할 수 있다는 것이지요. 위기는 그냥 생기는 것이 아닙니다. 위기가 발생되는 것에는 그만한 이유가 있기 마련입니다. 아니 땐 굴뚝에서 연기가 날 리 없습니다. 위기를 발생되게 하는 어떠한 원인이 있기에 위기가 발생된 것입니다. 그러므로 일상생활 속에서 자신이 발견하지 못하는 위기를 미연에 방지하기 위해서는 평범한 생활 속에서 비범한 생활의 원리를 발견하는 지혜를 지녀야 합니다. 그러기 위해서 운전의 원리를 생활에 접목하는 것입니다. 그래서 안전 운행을 하듯이 위기가 없는 안전한 생활을 영위해야 합니다. 안전 운행을 위해서 반드시 지켜야 하는 것중 하나는 교통규칙을 잘 지키는 것입니다. 중앙선을 침범하지 않거나 교통신호를 지키고 규정된 속도를 준수하는 것이 운전자들이 지켜야 하는 기본 규칙입니다. 그런 것이 지켜져야 모두가 안전하게 운전을 할 수 있습니다. 다른 사람이 언제든 중앙선을 침범할 것이라고 생각하면 불안해서 운전을 할 수 없습니다. 또 적색에 정지하고 녹색에 통과하는 신호등 규칙을 모두가 알고 있다고 생각하기 때문에 녹색등에서 아무 거리낌이 없이 통과합니다. 그렇지 않고 다른 사람이 적색에 통과할지 모른다는 생각을 가지면 불안해서 운전하기가 쉽지 않죠. 결과적으로 모두가 기본적으로 지켜야 하는 교통규칙을 잘 지킬 때 안전 운전이 가능합니다. 이처럼 위기를 줄이기 위해서는 인생을 살아가면서 기본적으로 지켜야 하는 사회적인 규칙과 법률을 잘 지켜야 합니다. 아울러 운전을 할 때 방어 운전을 하듯이 인생을 살면서도 자기가 생각지도 못한 위기가 올 수밖에 없다는 생각을 가지고 방어적인 삶을 살아야 합니다. 또 운전을 할 때 사방을 면밀하게 살피고 운행하듯이 인생을 살면서도 사방을 잘 살펴야 합니다. 아울러 자기가 안전 운행을 해도 다른 사람의 난폭운전으로 인해 사고가 발생하는 경우가 있듯이 자기가 올바르게 인생을 잘 사는데도 다른 사람의 잘못으로 인해 위기에 처할 수도 있다는 생각으로 인생을 살면서도 조심스럽게 주변을 잘 살펴야 합니다. 그래서 다른 사람으로 인해 위기에 처할 수도 있다는 징후가 느껴지면 신속하게 발을 빼야 합니다. 그것이 자신의 인생을 잘 지키는 것이고 그로 인해 자기의 삶에 위기가 발생되는 것을 최소화하는 길입니다. 운전을 하다 보면 고속도로가 있고 국도나 지방도로가 있습니다. 비교적 고속도로에서는 속도를 낼 수 있지만 커브가 많은 국도나 지방도로에서는 저속으로 운전해야 합니다. 또 자주 다니는 길이 아니고 낯선 도로를 운전을 할 때는 익숙한 길을 운행을 하는 것보다 더 신중하게 운전해야 합니다. 마찬가지로 인생을 살면서도 빨리해야 하는 일은 빨리하고 위기가 초래할 수 있는 위험한 곳에서는 삶의 속도를 낮춰야 합니다. 음악에도 리듬과 속도가 있듯이 인생에도 리듬과 속도가 있습니다. 운전을 할 때 도로에 제한 속도가 있듯이 우리네 인생길에도 보이지 않는 인생의 제한 속도가 있습니다. 자기가 컨디션이 좋고 모든 여건이 자기에게 유리하게 편성된 삶의 현장에서는 인생의 속도를 늘려도 괜찮습니다. 하지만 주변 여건과 상황이 자기에게 불리한 상황이라면 당연히 인생의 속도를 줄여야 합니다. 또 장거리 운전을 할 때는 졸음운전을 예방하기 위해서 중간중간에 충분한 휴식을 취하듯 기나긴 인생 여정에서 삶의 활력을 찾기 위해서는 가능한 한 충분히 휴식을 취해야 합니다. 운전을 하든 인생을 살아가든 휴식은 여유를 찾고 에너지를 충전하기 위해서 꼭 필요합니다. 운전을 하다 보면 속도를 빠르게 하면 주변 상황을 면밀하게 살필 수 없습니다. 특히 제한 속도 이상으로 과속을 하는 경우에는 마음의 불안이 초래되어 운전 또한 불안해질 수밖에 없습니다. 그러다 보면 전방 주시 태만에 의해서 교통사고가 발생될 확률이 높습니다. 그러므로 바쁠수록 삶의 속도를 한 박자 늦추면서 산다는 생각을 가지고 삶에 임해야 합니다. 삶의 속도를 한 템포만 늦춰도 그간에 보이지 않았던 많은 것을 볼 수 있습니다. 마찬가지로 성공을 향해서 혹은 자신의 욕망을 좇을 요량으로 분주하게 생활을 하다 보면 주변의 여러 가지를 놓치게 되는 우를 범할 수 있습니다. 안전 운전을 하면 무사고 운전 경력이 늘어나듯이 안전 인생을 살면 위기 없는 인생 경력이 늘고 그로 인해 기회의 인생을 맞이하게 될 것입니다.

07

역경이 만드는
기회

어렵고 힘들 때는 과거에 현재보다 더 어려웠던 순간을 생각하면서 마음의 위로로 삼아야 합니다. 과거에 현재보다 더 어려운 상황도 잘 극복했고 그랬기에 현재 오늘의 자기가 있다는 생각을 하면 기운이 나기도 합니다. 사노라면 어렵고 힘든 순간이 더 많은 깨달음을 줍니다. 세상에 공짜는 없습니다. 아픈 만큼 더 성숙해지고 고통받은 만큼 성장하는 것이 우리네 인생입니다. 단 어렵고 힘들었던 순간을 망각하지 않는 것이 중요합니다. 마치 개구리 올챙이 시절을 돌아보지 않는 것처럼 자신의 과거를 돌아볼 줄 모르는 사람은 지속적인 진화와 발전을 기대할 수 없습니다. 어렵고 힘들게 보냈던 과거지사가 삶의 훈장이 될 수는 없지만 그렇다고 아킬레스건은 아닙니다. 그러므로 힘들고 어려운 상황에 처하면 과거 어렵고 힘들었던 순간을 생각하면서 마음을 다잡고 심기일전해야 합니다. 그러면서 지난날 힘든 고비를 잘 넘겨서 여기까지 왔는데 여기서 포기할 수 없다는 강인한 신념과 도전정신으로 새로운 출발을 다짐해야 합니다. 아울러 지난날 힘들었던 순간을 생각하면서 지난날에 비하면 현재 상황은 힘들고 어려운 순간이 아니라는 생각을 가져야 합니다. 또 지금 이 순간이 한 단계 더 높이 오를 수 있는 기회의 장이라는 생각으로 헌신적인 노력을 아끼지 말아야 합니다. 더불어 지난날에 비해 훨씬 진화한 현재의 순간을 유지하지 않으면 또다시 불행한 과거를 답습하게 된다는 생각으로 스스로 위기의식을 불어넣어야 합니다. 그렇지 않고 현재의 순간을 과거 고생했던 기간에 대한 보상이라고 생각하면서 현재를 즐긴다면 또다시 불행한 과거로 회귀하게 될 것입니다. 물론 과거에 고생했던 것에 대한 보상을 충분히 만끽하는 것은 좋습니다. 단 너무 오랜 기간 현재의 기쁨에 도취되어 더 나은 미래로의 발길이 끊어지지 않도록 해야 합니다. 자신의 과거 행적을 돌아보지 않고 오로지 앞만 보고 달리는 인생은 위기를 자처하는 인생입니다. 그러므로 수시로 자신의 과거지사를 돌아보면서 현재 자신이 원하는 미래를 향해 제대로 가고 있는지 혹은 위기가 발생될 여지는 없는지를 돌아봐야 합니다. 특히 과거지사에서 자신에게 큰 상처를 주었던 사건이나 불행한 순간이 있다면 그 기억을 현재로 불러와서 현실에 안주하려는 안일한 생각을 다잡는 기회로 삼아야 합니다. 어려운 과거가 좋은 추억이라는 생각으로 기억의 장롱 속에 먼지가 수북이 쌓일 때까지 방치해두면 그것이 또 다른 위기를 부르는 단초가 됩니다. 즉 어렵고 힘들었던 순간을 수시로 떠올려서 자신의 흐트러진 마음을 다시금 추스르고 방만한 생활 습관을 고치는 채찍으로 활용하는 것이 기회를 부르는 길입니다. 이 세상은 음양이 조화를 이룰 때가 가장 안전하고 안정된 상태입니다. 음의 기운이 양의 기운보다 강해도 위기가 발생되고 양의 기운이 음의 기운보다 강해도 위기가 발생합니다. 즉 음과 양이 상호 조화를 이루고 균형을 이룰 때가 가장 이상적입니다. 맑은 날만 지속되면 가뭄이 들고 연일 비가 오면 홍수가 납니다. 가장 이상적인 날씨는 맑고 흐리고 가끔씩 비가 내리는 날씨입니다. 마찬가지로 위기와 기회의 측면에서 볼 때 위기와 기회가 적정하게 조화와 균형을 이루는 삶이 생동감이 넘치고 활력이 넘치는 삶입니다. 그렇다고 해서 기회를 누리는 만큼 위기를 겪어야 한다는 말은 아닙니다. 또 고생은 사서도 해야 한다고 해서 고생을 사서 하는 것은 어리석은 행동입니다. 고생은 간접 경험을 하면 됩니다. 위기 역시 간접적으로 경험하면 됩니다. 그 방법 중 하나는 안정과 기회의 삶을 살면서 자신이 겪은 과거 어려울 때의 처지를 생각하는 것입니다. 거안사위라는 말이 있듯이 편안함 속에서 위태로움을 생각하는 것은 다시금 위태로운 상황으로 내몰리지 않게 하는 단초가 됩니다. 즉 위기와 고생은 자신이 직접 경험했던 어렵고 힘들었던 생각으로 채우고 기회와 안정은 현실적인 경험으로 채워서 위기와 기회, 고생과 편안함이 상호 조화와 균형을 이루도록 하는 것이 지혜로운 삶입니다. 온 우주의 모든 것은 극에 달하면 쇠하게 마련입니다. 또 화무십일홍이고 권불십년이라는 말이 있습니다. 그러므로 잘나간다고 자만하지 말아야 하고, 높은 권력을 잡고 있다고 해서 방심하지 말아야 합니다. 잘나갈 때일수록 과거의 어렵고 힘든 시절을 생각하면서 겸손해야 하고, 모든 것은 극에 달하면 쇠하고 달도 차면 기운다는 생각으로 살얼음 위를 걷듯이 매사 신중하게 처신해야 합니다. 또 좋은 일에는 마가 낀다는 것을 생각하면서 좋은 일이 생길 때일수록 더욱 겸손한 태도로 다른 사람을 섬겨야 합니다. 그렇게 하면 기회에 또 다른 기회가 찾아올 것입니다.

08

쪼개면 나타나는 기회

　새해 해맞이를 하면서 지난해를 돌아보고 새해 계획을 세웁니다. 또, 매일 저녁 하루 일과를 반성하고 다음 날을 어떻게 보낼 것인가를 생각하면서 하루 일기를 작성하기도 합니다. 이토록 우리는 매일 새로운 시작을 알리는 시점에 어제보다 더 나은 내일을 위해서 새 출발을 다짐하는 일정한 의식을 치르고 있습니다. 선남선녀가 결혼식을 하고, 회사에서 한 해 업무를 시작하는 시무식을 하는 것도 일련의 의식입니다. 오랜 가뭄을 그치게 해달라고 기우제를 지내고, 죽은 이의 명복을 비는 장례식을 치르는 것도 일련의 의식입니다. 의식을 통해 마음가짐을 새롭게 하고 정신상태를 다잡기 위해 우리는 특별한 의식을 치릅니다. 무심코 지냈던 것들을 다시금 돌아보고 앞으로 무슨 일을 어떻게 할 것인가에 대한 전략을 수립하며, 방만한 마음을 정갈하게 하고 옷매무시를 다시금 고치는 기회로 삼기 위해 일정한 형식에 맞게 의식을 치르는 것이지요. 의식을 치르면 매일 반복되는 삶 속에서 무의식적이고 습관적으로 해오던 것들을 다시금 제3자의 입장에서 객관적으로 바라볼 수 있게 됩니다. 마찬가지로 위기가 발생되는 것을 방지하기 위해서도 어떠한 계기가 마련되면 특별히 새로운 마음과 각오를 다지는 의식을 치르는 것이 좋습니다. 자칫 무의식적으로 행동하는 것들 속에 위기가 숨어 있는 것은 아닌지 혹은 앞으로 어떤 위기가 발생될지를 세심하고 꼼꼼하게 따져보는 것이 바로 위기를 줄일 수 있는 최상의 방법입니다. 폭주하는 기관차처럼 앞으로 나가다 보면 예상치 않는 지점에서 큰 위기 상황에 봉착할 수 있습니다. 또 아무 생각 없이 해오던 일을 반복하다 보면 그간 소홀히 했던 부분이 곪아 터지게 됩니다. 그래서 의식을 치르면서 그간 위기가 잠재되어 있는 곳은 어디인지 혹은 앞으로 새로운 환경 변화로 인해 예상하지 못했던 위기가 발생될 여지는 없는지를 꼼꼼하게 따져봐야 합니다. 의식을 치르는 것은 지내온 삶과 앞으로 나아갈 삶의 중간 지점에서 매듭을 짓는 것과 같습니다. 즉 한 사이클을 마무리하고 새로운 사이클로 나아가기 위한 출발을 다짐하는 것이지요. 의식을 치르는 횟수가 많으면 많을수록 위기에 처할 확률은 낮아집니다. 왜냐하면 의식을 치르는 과정에서 자신이 깨어나기 때문입니다. 아무런 생각 없이 사는 것이 아니라 생각하면서 사는 사람은 그렇지 않은 사람에 비해 위기에 처할 확률이 낮습니다. 그렇습니다. 자기 성찰을 통해 전열을 가다듬어 새롭게 정진할 수 있다는 점에서 의식을 자주자주 치르는 것이 위기를 줄일 수 있는 명약입니다. 더불어 모든 일을 처리할 때 시간과 분 단위로 쪼개서 관리하는 습관을 기른다면 위기를 줄이는 데 많은 도움이 될 것입니다. 코끼리를 냉장고에 넣을 때 한꺼번에 넣을 수는 없습니다. 물론 냉장고가 코끼리보다 더 크다면 가능하겠지만 통상적으로 가정에서 사용하는 냉장고에 코끼리를 한꺼번에 넣을 수는 없습니다. 조각조각 나눠서 넣어야 합니다. 마찬가지로 자기 인생의 냉장고에 하루를 한꺼번에 넣으려고 하지 말고 시간 단위로 세밀하게 쪼개서 넣는 습관을 기르는 것이 위기를 줄일 수 있는 좋은 비결입니다. 명품은 디테일에서 차이가 난다는 말이 있듯이 위기의 횟수는 디테일에서 큰 차이를 보이게 됩니다. 하루 일과를 시간 단위로 쪼개서 생활하는 사람보다 분 단위로 쪼개서 생활하는 사람이 위기가 적을 확률이 높습니다. 왜냐하면 위기관리 차원에서 시간 단위로 관리하던 것을 분 단위로 관리하면 위기라는 단어를 더 많이 생각하면서 생활하기 때문입니다. 물론 위기의 속성상 관리를 잘한다고 해서 완전히 제거되는 것은 아닙니다. 또 관리하지 않는다고 해서 더 많은 위기가 발생된다는 보장도 없습니다. 하지만 분명한 것은 관리하면 위기가 줄어든다는 것입니다. 마치 돈을 관리하는 사람이 더 많은 부를 축적하고 건강을 관리하는 사람이 더 오래 살듯이 말이지요. 노자는 『도덕경』에서 난제를 처리하려면 쉬운 곳부터 손을 대고, 큰일을 해결하려면 작은 일부터 시작해야 한다고 말하면서 천하의 모든 어려운 일은 쉬운 일부터 시작해야 한다고 했습니다. 그러면서 성인은 큰일을 하지 않음으로써 큰일을 이루며, 쉬운 일을 가볍게 보는 사람은 어려운 상황에 봉착하게 된다고 말을 합니다. 아울러 성인은 쉬운 일을 어려운 일처럼 대하기에 쉽사리 어려운 일을 만나지 않는다고 말을 합니다. 위의 노자의 말은 극히 평이한 말입니다. 하지만 세 살 먹은 아이가 아는 내용을 팔십 세 먹은 어르신도 행하기 어려운 일이 바로 지극히 평범하고 평이한 말입니다. 그렇습니다. 큰일을 하기 위해서는 작은 일부터 해야 하는 것도 지극히 상식적인 말이고 작은 일이 모이고 모여서 큰일이 된다는 것 역시 누구나 아는 지극히 평이한 말입니다. 굳이 노자의 말을 언급하지 않아도 큰일을 하기 위해서는 작은 일부터 해야 합니다. 천 리 길도 한 걸음부터라는 말이 있듯이 모든 것은 작은 시작에서 출발합니다. 작은 것을 소홀히 하는 것은 첫 단추를 잘못 끼우는 형국과 같은 결과를 자아내기에 작은 것을 귀하게 다루고 소중하게 품어가야 합니다. 앞서 말했듯이 『중용』 23장에 "작은 일도 무시하지 않고 최선을 다해야 한다. 작은 일에도 최선을 다하면 정성스럽게 된다. 정성스럽게 되면 겉으로 드러나고, 겉으로 드러나면 이내 밝아진다. 밝아지면 남을 감동시키고, 남을 감동시키면 변하게 되고 변하면 생육 된다. 그러니 오직 세상에서 지극히 정성을 다하는 사람만이 나와 세상을 변하게 할 수 있는 것이다"라는 말이 있습니다. 마치 사소한 습관 하나가 자신의 운명까지도 결정한다는 말처럼 지극히 작은 일에 정성을 다하면 자기는 물론 세상도 변하게 됩니다. 대부분의 위기 역시 극히 미미하고 사소한 것에서 발생하는 경우가 많습니다. 별로 중요하게 생각하지 않았고 또 현실적으로 볼 때 전혀 위기를 불러올 것이라고 생각하지 않았던 일로 예상하지 못한 큰 위기를 겪은 경험이 있을 것입니다. 그렇습니다. 위기를 줄이기 위해서는 작은 것을 작다고 무시하지 말고 앞서 『도덕경』과 『중용』에 나오는 말처럼 작은 것에 정성을 다하고 최선을 다해야 합니다. 작은 것과 기본적인 것에 정성을 다하는 것이 바로 위기를 줄이고 기회를 늘리는 길입니다.

09

봐야만 알 수 있는 기회

말이라는 것은 참으로 오묘합니다. 같은 말도 어떤 경우에는 사실처럼 들리고 어떤 경우에는 거짓말처럼 들리기도 합니다. 글도 마찬가지입니다. 말과 글로 사람의 마음을 다 표현할 수 없다는 말이 있듯이 말과 글로 한 사람의 모든 것을 안다는 것은 거의 불가능합니다. 물론 상대방이 하는 말과 글을 보면 그 사람이 어떤 성향을 지니고 있는지를 어림잡아 알 수는 있습니다. 왜냐하면 말에는 그 사람의 살아온 인생이 담겨 있기 때문입니다. 사람은 자주 접촉하는 사람과 자주 만나는 사람 그리고 자주 접하는 정보로 만들어집니다. 계속해서 긍정의 말을 하는 사람은 긍정적인 사람이 되고 부정적인 환경에서 자란 사람은 부정적인 사람이 되는 것도 그러한 연유입니다. 그러므로 사람을 알기 위해서는 그 사람이 자주 하는 말과 글을 자세히 들여다봐야 하고, 경우에 따라서는 그 말과 행동이 일치하는지를 꼼꼼하게 따져봐야 합니다. 그래서 말만 번지르르하게 하고 행동이 뒤따르지 않는 사람을 경계해야 하고 그런 사람과는 적당히 거리를 두는 것이 위기를 줄일 수 있는 최선의 방책입니다. 아울러 말과 글을 전폭적으로 맹신하면 위기에 처할 확률이 높습니다. 그러므로 감언이설로 남을 현혹하는 사람은 위기를 전파하는 위기 바이러스라는 생각을 가지고 접근하는 것이 좋습니다. 노자의 『도덕경』에 다언삭궁, 즉 말이 많으면 자주 곤궁한 처지에 놓인다는 말이 있는데, 말수가 많으면 위기가 발생될 확률이 높습니다. 또 상대적으로 말을 많이 들어도 위기에 처할 확률이 높아집니다. 물론 다른 사람들의 말을 경청하는 것은 좋습니다. 또 다수의 의견을 듣고 여러 가지 주변 상황을 종합해서 결정하는 것은 매우 바람직한 처사입니다. 하지만 너무 많은 사람들의 의견을 듣다 보면 사공이 많으면 배가 산으로 올라가는 격으로 잘못된 결정을 할 우려가 많아집니다. 공자는 『논어』에서 많은 생각을 하고 결정하는 것보다는 두 번 생각해서 결정하면 그다지 그릇되지 않는다고 했습니다. 말을 많이 하는 것도 좋지 않고, 생각을 많이 하는 것도 좋지 않으며, 말을 많이 듣는 것도 좋지 않다면 어떻게 하는 것이 가장 좋은 방법일까요? 그것은 바로 직접 발로 뛰면서 현장을 보는 것입니다. 혁신의 원리 중 현장에서 현물을 보고 현상을 파악한다는 삼현주의가 있는데 현장에서 현물을 보고 현상을 파악해야 합니다. 그렇습니다. 현장에 답이 있습니다. 그러므로 말을 믿기보다는 직접 자신이 현장에서 눈으로 보는 것이 최상입니다. 『논어』에 공자가 사람을 잘못 판단해서 자신이 실수했다는 것을 인정하는 내용이 나옵니다. 공자가 다른 사람들의 말을 듣고 제자를 평가했는데 그것이 틀렸다는 것을 발견하고 자신의 잘못을 스스로 자책하는 내용입니다. 이처럼 사람을 알아보는 것도 주변 사람의 말을 듣기보다는 직접 자신이 부딪혀보고 겪어보는 것이 최상입니다. 문제 해결 기법 중 문제 안에 답이 있다는 말이 있는데 문제가 발생되면 자신이 직접 문제 안에 들어가서 문제를 분석하고 그 안에서 답을 찾으려는 노력을 하는 것이 바람직합니다. 삼인성호라는 말이 있습니다. 세 사람이 호랑이를 만든다는 말입니다. 즉 없는 호랑이도 세 사람이 담합하여 호랑이가 있다고 꾸미면 듣는 사람은 호랑이가 있다고 믿는다는 말입니다. 공자와 노자 등 많은 성인들이 말을 조심해야 한다는 말을 많이 합니다. 또 말은 화를 부르기도 하고 복을 부르기도 하므로 늘 말을 할 때는 신중해야 한다고 말합니다. 이 말에는 말을 듣는 것 역시 화를 부르기도 하고 복을 부르기도 한다는 말로 바꿔 말할 수 있습니다. 백 번 듣는 것보다 한 번 보고 확인하는 것이 최상입니다. 아울러 말을 믿지 말라는 말에는 사람을 믿지 말라는 말이 함축되어 있습니다. 왜냐하면 말을 하는 주체는 사람이기 때문입니다. 물론 진실한 사람은 말을 진실하게 합니다. 그래서 진실과 사실을 말하는 사람의 말에는 믿음이 있습니다. 그런 사람의 말은 믿어도 됩니다. 하지만 중요한 것은 진실하게 말을 한다고 생각하는 그 사람이 정말로 진실한 사람인가를 아는 것이 중요합니다. 실제로 거짓을 진실로 둔갑시키기 위해서 자신이 마치 진실한 사람인 것처럼 꾸미는 사람도 있습니다. 그러므로 상대방으로 하여금 자신의 말을 믿게 하는 데 탁월한 재능이 있는 사람과 함께 있으면 자기도 모르게 그 사람의 말에 현혹이 된다는 점을 인지해야 합니다. 아울러 가급적이면 말주변이 좋은 사람에게는 곁을 내주지 말고 적당히 거리를 유지하는 것이 위기를 줄이고 기회를 늘리는 길입니다.

10

위기맨 피하면
기회

아무리 철저하게 준비하고 방비해도 위기는 찾아옵니다. 참으로 신기할 따름이죠. 어떤 경우에는 눈에 환히 보이는 위기인데도 그것을 막지 못하는 경우도 있습니다. 참으로 귀신이 곡할 노릇입니다. 돌이켜 생각하면 당연히 막을 수 있는 위기이고, 지극히 평이한 일인데 그런 일을 제때 하지 않아서 눈 뜨고 위기를 맞아들이는 꼴이 발생되는 경우도 있습니다. 아무리 위기가 눈에 보이지 않는다고 해도 상식적인 수준에서 생각하면 눈에 환히 보이는데 방심으로 인해 위기를 자처한 것이지요. 위기라는 것은 이처럼 아무것도 아니고 지극히 상식적인 수준에서 행해야 하는 것을 하지 않아서 발생되는 경우가 많습니다. 또 정해진 기준과 원칙을 지키지 않아서 발생되는 경우도 있습니다. 그러므로 위기가 발생되는 것을 줄이기 위해서는 기본적이고 상식적인 수준에서 지켜야 하는 기준과 원칙을 반드시 지켜야 합니다. 다른 사람에게는 위기가 발생되어도 자신에게는 그런 일이 발생되지 않을 것이라고 자만하거나 여유를 부리지 말고 기본적이고 원칙적으로 해야 하는 일이 있다면 필히 행해야 합니다. 수신제가치국평천하입니다. 즉 모든 일은 자기에게서 비롯되는 결과라는 것을 인식하고 자신이 행해야 하는 바를 올곧게 행한다면 그리 큰 위기는 발생되지 않을 것입니다. 한편, 자기가 신중하게 행해도 간혹 타인에 의해서 위기에 빠지는 상황이 도래하는 경우도 있습니다. 마키아벨리는『군주론』에서 군주는 용맹한 호랑이가 되어야 하고 때로는 교활한 여우가 되어야 한다고 했습니다. 그래서 힘으로 대항하는 상대는 호랑이의 기운으로 처치하고 권모술수로 대적하는 상대는 여우의 기지를 발휘하여 응대해야 한다고 했습니다. 그렇습니다. 때로는 자기를 시기하고 질투하는 사람들이 술수를 부려서 자신을 위기에 빠뜨릴 수 있으므로 늘 주의를 게을리하지 말아야 합니다. 특히 전문가의 말이라고 해서 맹신할 것이 아니라 살피고 또 살펴야 합니다. 그래서 자신의 판단으로 아무런 위기가 발생될 여지가 없다고 판단될 때 일에 착수해야 합니다. 이외에도 사회생활을 하다 보면 권모술수가 뛰어난 사람의 간계에 걸려서 함정에 빠지는 상황이 도래할 수 있으므로 늘 주의를 게을리하지 말아야 합니다. 마치 돌다리도 두드리며 건너

간다는 심정으로 모든 일을 행할 때 불법적인 요소는 없는지 혹은 비윤리적인 측면은 없는지를 따진 연후에 행동에 나서야 합니다. 한비는 『한비자』에서 사람은 이익에 의해서 마음을 달리하기 때문에 사람을 믿지 말아야 함을 누누이 강조하고 있습니다. 사실 이해관계가 얽히지 않으면 사람 간의 관계선상에서 위기가 발생될 여지는 적습니다. 하지만 서로 이해관계가 얽혀 있을 때에는 평소와 다른 모습을 보이고, 자신의 이익을 위해서 상대방의 입장을 전혀 고려하지 않는 경우가 많습니다. 그러므로 이해관계가 얽혀 있거나 갈등이 발생될 여지가 있는 사람은 특별히 신중하게 접촉해야 합니다. 또 평소에는 전혀 말을 걸지 않던 사람이 말을 걸거나, 평상시 함부로 대하는 사람이 갑자기 낮은 자세로 대하는 경우에는 특별히 조심해야 합니다. 특히 자기와 특별히 친한 사람이 등을 돌리지 않도록 주의해야 합니다. 자신에 대해서 잘 모르는 사람이 자신을 공격할 때에는 어느 정도 방어할 수 있지만, 자신에 대해서 속속히 아는 사람이 자신을 공격할 때에는 방어하기가 곤란해서 속수무책으로 당할 수 있습니다. 그러므로 평소에 친하게 지내는 사람이 적으로 돌변하지 않도록 밀착 케어해야 그 사람으로 인한 위기가 발생되는 것을 최소화할 수 있습니다. 공자는 『논어』에서 가까이 있는 사람을 기쁘게 하면 멀리 있는 사람이 자연스럽게 찾아온다고 했습니다. 그렇습니다. 자기와 가까이하는 사람에게 호의를 베풀면 결국에는 멀리 있는 다른 사람들에게 인덕 있는 사람으로 알려져서 주변에 사람이 많아지게 될 것입니다. 한편, 남이 자신을 배반했다고 해서 그 사람을 탓할 수는 없습니다. 절이 싫으면 중이 떠나는 그런 시대는 지났습니다. 이제는 절이 싫으면 자신이 좋아하는 절로 리모델링을 하거나 신축하는 것이 시대적인 흐름입니다. 그러므로 평소에 다른 사람을 대할 때 겸손한 자세로 대해야 합니다. 내가 남을 대하는 태도가 남이 나를 대하는 태도입니다. 오래도록 한결같이 친밀하게 지냈던 사람이 갑자기 태도를 달리한다면 그 책임은 남의 탓이 아니라 자기 탓이라고 봐야 합니다. 남을 탓할 것이 아니라 자신의 태도를 먼저 돌아봐야 한다는 것이지요. 사람만큼 큰 위기를 가져오는 것도 없고 사람만큼 큰 기회를 가져오는 것도 없습니다. 그런데 좋은 사람만 만나면 더할 나위 없지만 세상을 살다 보면 별의별 유형의 사람을 다 만나게 됩니다. 또 자기와 뜻이 다르고 지향하는 바가 달라도 어쩔 수 없이 협업해야 하는 경우도 발생됩니다. 그러므로 그 어떤 경우에도 자기와 오랜 기간 친밀하게 지낸 사람이 자기로부터 멀어지지 않도록 꼭 껴안아야 합니다. 왜냐하면 자기와 뜻이 다르거나 지향하는 바가 다른 사람과 서로 다투는 상황에 처하면 그 사람이 자신의 든든한 방패이고 창이 될 것이기 때문입니다. 아울러 자기 자신 이외에 다른 사람을 무조건 믿지 않는 것이 좋습니다. 물론 자기 긍정과 플라시보 효과가 말하듯이 자신의 의지와 확신하는 바를 온전히 믿는 것은 좋습니다. 하지만 자기 자신을 믿는 것에 대해서는 의심을 하지 않는 것은 옳지만 자신을 제외한 주변 상황과 주변 사람들을 무조건 믿는 것은 위기를 불러올 확률이 높습니다. 즉 의심하는 것은 그리 바람직하지 않지만 의구심을 갖고 만일의 경우를 생각하는 것은 그리 나쁜 것은 아닙니다. 그러므로 무조건 믿는 것보다는 조금이라도 의심의 마음을 가져야 위기가 발생되는 것을 줄일 수 있습니다. 의심은 확실히 알 수 없어서 믿지 못하는 마음을 의미합니다. 그렇습니다. 이 세상에 확실하다고 획일적으로 단정 지을 수 있는 것은 아무것도 없습니다. 그러므로 자신의 눈으로 확인하지 않았거나 실제 자신이 행동해서 얻어진 것이 아니라면 일단 의심해봐야 합니다. 특히 사람의 마음은 주어진 상황과 여건에 따라 얼마든지 변한다는 생각을 가지고 일단 의심해보는 것이 낫습니다. 그렇게 하면 믿음에서 오는 위기가 발생되는 것을 줄일 수 있습니다. 물론 모든 사람을 불신하고 의심하라는 말은 아닙니다. 세상에는 상식 밖에 있는 사람들이 참으로 많습니다. 더불어 함께하는 사회인으로서 공공의 이익을 위해 가장 기본적으로 지켜야 하는 것들과는 무관하게 사는 사람들도 적잖습니다. 오로지 자신의 이익을 위해서 남의 입장은 전혀 생각하지 않고 상식 밖의 행동을 하는 사람도 있습니다. 또 일부러 착한 사람에게 접근해서 사기를 치는 사람도 있고, 세상 물정 모르는 사람을 속여서 자신의 이익을 취하는 사람도 적잖습니다. 그러므로 늘 의심의 색안경을 끼고 모든 사람을 대하는 것이 위기를 줄일 수 있는 최선의 길입니다. 한비는 『한비자』에서 군주의 모든 위기는 신하를 전폭적으로 믿는 것에서 시작된다고 했습니다. 결과적으로 사람을 믿지 말라는 말은 자신을 잘 지켜야 함을 의미합니다. 그러기 위해서는 주변 사람과 환경을 의심해봐야 합니다. 이에 더하여 때로는 자신의 생각과 판단마저 의심해볼 수 있어야 자신에게 발생되는 위기를 줄일 수 있습니다. 특히 일부러 의심이 들지 않도록 자연스럽게 접근하는 사람들을 조심해야 합니다. 『명심보감』에 선한 사람은 하늘의 복을 받고 악한 사람은 하늘에서 벌을 내린다고 하지만 요즘에는 선한 사람은 사기꾼들에게 사기를 당하고 악한 사람은 사기꾼들에게 사기를 당하지 않는 세상입니다. 그렇습니다. 요즘 세상에는 자신의 이익을 위해서 상대방의 입장을 전혀 고려하지 않고 별의별 수작과 농간을 부리는 사람들이 많다는 것을 알아야 합니다. 물론 위기와 기회는 믿음에서 오는 경우도 있고 반대로 불신과 의심에서 오는 경우도 있습니다. 즉 의심을 한다고 해서 위기에서 벗어나는 경우도 있을 수 있고 오히려 위기에 스스로 빠지는 경우도 있을 수 있습니다. 그러므로 믿어야 하는 경우에는 믿고, 의심해야 하는 경우에는 의심해야 합니다. 가장 좋은 방법은 의심을 바탕에 깔고 믿음을 갖는 것이 최상입니다. 의심하는 마음과 믿는 마음을 병행해서 믿었던 사람도 의심해보고 경우에 따라서는 의심을 하는 사람에게 믿음을 보여야 합니다. 그러면서 사람들에게 속지 않기 위해서는 가장 우선적으로 자신이 알아야 합니다. 알면 보이고 모르면 보이지 않습니다. 알고서 당하는 경우도 있지만 그런 경우는 흔치 않습니다. 대부분 속는 경우는 몰라서 당하는 경우가 많습니다. 속임을 당하는 것은 위기에 해당합니다. 소객택인이라는 말이 있습니다. 이 말은 사람을 잘 가려서 사귀어야 욕을 당하지 않는다는 말입니다. 즉 사람을 잘 사귀어야 그 사람으로부터 오는 위기를 막을 수 있다는 말입니다. 친구 따라 강남 간다는 속담이 있듯이 어떤 사람을 사귈 것인가는 매우 중요합니다. 공자는 자기보다 못한 사람과는 벗을 하지 말아야 하고, 뜻이 같은 사람과 어울려야 한다고 말합니다. 그렇습니다. 위기가 생기는 것을 줄이기 위해서는 자신이 자주 만나는 사람을 잘 선택해야 합니다. 봉황은 자신이 앉을 곳이 아니면 앉지 않습니다. 마찬가지로 자신이 섬겨야 하는 사람 역시 자신에게 위기를 줄 사람인지 아닌지를 잘 판단해서 섬기는 것이 자신에게 닥칠 수 있는 위기를 줄일 수 있는 길입니다. 그러기 위해서는 사람을 볼 줄 아는 안목을 지녀야 하고, 사람을 볼 줄 아는 안목을 지니기 위해서는 많은 사람과 자주 접촉하면서 사람에 대해서 공부를 해야 합니다. 또 사람을 알기 위해서는 일차적으로 사람에게 관심을 가져야 합니다. 관심을 가지고 면밀하게 관찰하다 보면 일정한 시점에 자신도 모르게 직감적으로 사람을 알게 되는 경지에 이르게 됩니다. 그 경지에 이르게 하는 원천이 바로 통찰력이며, 그 통찰력은 수많은 경험과 지식에서 생기는 힘입니다. 즉 이론적으로 많은 지식을 섭렵하고 다양한 것들을 풍부하게 경험해야 사람을 알게 됩니다. 아울러 위기가 발생되는 것을 줄이기 위해서는 남의 말을 좋게 해야 합니다. 남을 비판하고 험담하는 것은 결국 누워서 자기 얼굴에 침을 뱉는 경우와 같습니다. 왜냐하면 남을 비판하고 험담하기 위해서는 먼저 자기 마음 안에 험담과 비판의 씨앗을 심어야 하기 때문입니다. 자기 마음 안에 험담과 비판의 씨앗이 없으면 결코 남에 대한 험담과 비판의 말이 나오지 않습니다. 말은 마음의 알갱이며 씨앗입니다. 그래서 좋은 말을 하면 좋은 일이 생기고 나쁜 말을 하면 나쁜 일이 생기게 되는 것이지요. 그러므로 말로 인해 생기는 위기를 줄이기 위해서는 어떠한 경우에도 긍정적인 생각으로 좋은 말을 하려고 해야 합니다. 결론적으로 위기와 기회도 사람에게서 오고, 행복과 불행도 사람에게서 옵니다. 인간은 사회적 동물이라서 사람들과 더불어 함께 살아야 합니다. 더불어 함께하는 사람들과 어울리는 과정에서 위기와 기회가 발생하고 행복과 불행이 발생합니다. 그래서 위기를 피하고 기회를 맞기 위해서는 기회를 가져다줄 가능성이 높은 사람과 지내야 합니다. 또 불행을 피하고 행복을 맞아들이기 위해서는 행복을 가져다줄 가능성이 높은 사람과 자주 접해야 합니다. 그렇습니다. 사람이 사는 곳에서는 사람이 알파이자 오메가입니다. 참고로 위기를 피하기 위해서 조심해야 하는 사람은 첫째, 낯선 사람입니다. 여기서 말하는 낯선 사람은 전혀 만난 적이 없거나 만나서 접촉했지만 그다지 상대방에 대해서 모르는 사람을 의미합니다. 그런 류의 사람 중 자신은 상대방에 대해서 전혀 모르고 있는데 그 사람이 자신에 대해서 많은 것을 알고 있다고 접근한다면 더욱 신중하게 접촉해야 합니다. 그런 사람일수록 고의로 당신에게 접촉해서 위기를 가져다줄 확률이 높습니다. 그러므로 낯선 사람을 만나면 상대방에 대해서 어느 정도 알게 될 때까지는 신중해야 하며, 그 사람이 무엇 때문에 자신에게 접촉했는지 또 그 사람이 자신에 대해서 호기심을 보이는 이유가 무엇인지를 알고 난 연후에 접촉하는 것이 최상입니다. 둘째, 잘 아는 사이이지만 평상시 자주 접촉하지 않는 사람을 조심해야 합니다. 특히 그런 사람의 경우에는 오랜만에 만났다는 이유로 서로 기쁨의 강점을 교류하는데 그런 기회를 틈타 위기를 줄 수 있으므로 더욱 신중해야 합니다. 주로 큰 위기는 가장 친한 사람에게서 오는 경우가 많습니다. 왜냐하면 서로에 대해서 너무도 많은 것을 알고 있기 때문에 그러한 점을 역이용해서 위기를 발생시키기 때문입니다. 셋째, 직장인의 경우에는 상사를 주의해야 합니다. 주로 상사들은 부하들의 속내를 알고자 하거나 부하들을 통해서 뭔가 전달하고 싶어 하는 정보가 있을 때 갑작스러운 만남을 제안하기도 합니다. 그러므로 예정된 만남이 아니거나 계획에 없는 갑작스러운 만남의 자리가 마련됐을 때는 당황하지 말고 오히려 상사와의 갑작스러운 만남을 통해서 자신의 철학과 평소에 자신의 생각을 상사에게 알리는 기회로 삼아야 합니다. 특히 상사가 과하게 칭찬하거나 귀한 존재로 예우하는 등 평소와 달리 자신을 과하게 낮출 때에는 특별히 조심하고 신중하게 행해야 합니다. 왜냐하면 『도덕경』 36장에서 말하듯이 상대방을 떨어뜨리기 위해서는 먼저 올려주고, 자신을 낮추는 미명의 전략을 상사가 구사하는 것이기 때문입니다. 그러므로 어떠한 칭찬에도 방심하거나 자만하지 말고 예의를 다해야 합니다. 넷째, 자기와 문화가 다른 환경에서 성장한 사람을 특히 주의해야 합니다. 학력, 경제력, 성별, 나이, 지위, 관심 분야의 차이 등 자신과 차이가 있는 사람을 대할 때는 주의해야 합니다. 사실 살아온 성장 과정이 다른 사람은 생각하는 것이 다르고 같은 것을 보더라도 이를 받아들이는 관점이 다를 수밖에 없습니다. 자신과 여러 방면에서 차이가 있는 사람과 어울리는 것은 그 어떤 경우보다 위기가 발생될 여지가 많습니다. 어떤 사람은 자기만 잘하면 위기가 발생되지 않을 것이라고 말을 하기도 합니다. 하지만 산속에서 혼자 사는 사람이 아니라면 자기만 잘하면 위기가 생기지 않을 것이라는 생각은 버려야 합니다. 왜냐하면 더불어 함께하는 사회에서는 다른 사람으로 인해 자기도 위기에 처할 수 있기 때문입니다. 특히 조직생활을 하고 있다면 자기뿐 아니라 다른 사람들도 함께 잘해야 합니다. 그렇게 하면 조직의 위기가 줄고 기회가 늘어날 것입니다.

위기 속에
기회가 있다

인생은 고통이라는 말이 있습니다. 사는 것 자체가 고통이라는 말이죠. 그런데 그런 고통의 삶에 위기까지 덮친다면 설상가상으로 심적인 고통이 가중되게 됩니다. 그런데 신기한 것은 연륜이 더해지면 더해질수록 인생의 고수가 되어야 하는데 오히려 더욱더 고통이 가중된다는 것이지요. 연륜이 더해지면 살아온 인생이 더 많아지고 경험도 더 풍부해지는데 연륜이 더해질수록 고통이 더욱 가중되는 것은 왜일까요? 아마도 연륜이 더해질수록 더 많은 것을 알게 되기 때문에 그런 것 같다는 생각이 듭니다. 사실 세상 물정 모를 때에는 무서울 것이 하나도 없었습니다. 그런데 중년에 이르니 그간에 전혀 생각하지 못했던 것들을 생각하게 되고 그로 인해 고통이 더해지는 것을 느낍니다. 1년이면 365일이고 10년이면 3,650일, 50년이면 18,250일을 살았는데 그럼에도 불구하고 인생의 달인이 되지 못하고 초보 인생을 사는 것마냥 더 많은 장애물 앞에 놓이게 되는 까닭은 왜 일까요? 아마도 과거에는 아무런 문제가 되지 않았던 일들이 이제는 그 일과 연관된 다른 일에서 문제가 불거지기에 고통이 양산되는 것이라는 생각을 해봅니다. 본문에서 말했듯이 고통은 위기입니다. 고통을 느끼는 순간이 위기의 순간이며, 앞으로 다가올 고통의 순간이 도래하지 않도록 미연에 방지하는 것이 위기를 줄이는 길입니다. 이에 더하여 고통의 순간에 처했다면 그 고통의 순간을 벗어나는 것이 위기를 극복하는 것입니다. 또, 고통의 터널을 지나 다시금 안정과 평화의 순간을 만끽하는 것이 기회입니다. 즉 뭔가 특별한 것을 얻고 특정한 자리에 오르고 특별한 부를 축적하는 것이 기회가 아니라 궁극적으로 고통이 없는 안정되고 평안한 순간이 기회의 순간입니다. 몸이 아파서 고통을 겪고 있는 사람은 건강 그 자체가 기회입니다. 가난에 허덕여서 고통받는 사람은 부(富) 자체가 기회입니다. 그렇습니다. 있던 것이 없어지고 없던 것이 생기면 우리는 위기 혹은 기회라고 말을 합니다. 하지만 본질적으로 없어지거나 생겨서 위기와 기회가 생기거나 없어지는 것은 아닙니다. 없어도 없다는 것에 집착하지 않고 사람으로서 마땅히 해야 하는 것을 행하는 것이 위기를 줄이는 길입니다. 또 없던 것이 생겨도 그 생긴 것에 크게 집착하지 않고 평소처럼 자신이 마땅히 행해야 하는 도리를 행하는 것이 위기를 줄이는 길입니다. 그렇습니다. 어둠이 없으면 밤이 아니듯 위기가 없으면 위기가 아닙니다. 또 어둠이 없으면 밝음이듯이 위기가 없는 것 자체가 기회입니다. 앞서 연륜이 더해지면 더해질수록 인생의 고통이 커지는 이유는 연륜이 더해질수록 앎의 영역이 넓어지고 생각의 깊이가 깊어지기 때문입니다. 그러므로 삶이 더해질수록 인생의 고통이 가중된다고 생각하고 있다면 아는 것을 내려놓고 생각 속에 쌓인 무수히 많은 생각을 비워야 합니다. 마음을 비우면 고통도 사라지고 움켜잡은 욕망의 끈을 놓으면 마음에 평화를 누릴 수 있습니다. 본문에서 위기가 없으면 기회라고 말을 했듯이 위기 안에는 이미 기회가 있습니다. 그러므로 위기 속에서 위기를 보지 말고 기회를 봐야 합니다. 사실 위기가 큰 만큼 기회도 큽니다. 투자 이론에 위험 부담이 크면 클수록 더 큰 이익을 보게 되는 이치와 같습니다. 그러므로 위기에 처했다면 그 위기 안에 어떤 기회가 숨어 있는지를 유심히 살펴서 위기의 포장지를 하나하나 벗겨내야 합니다. 성공이 고통이라는 포장지에 싸여 있듯이 기회는 위기라는 포장지에 싸여 있습니다. 즉 위기의 포장지를 벗겨내야 기회를 얻게 됩니다. 아울러 위기라고 생각하는 사람에게는 모든 것이 위기이고 기회라고 생각하는 사람에게는 모든 것이 기회입니다. 지금 힘든 위기의 순간에 처해 있다면 그 속에 반드시 기회가 숨겨져 있다는 사실을 알아야 합니다. 또 현재 기회에 처해 있다면 그 기회 안에 위기가 있다는 생각을 해야 합니다. 위기와 기회가 공존하고 병존하며 공생하고 상생하는 삶이 우리네 인생입니다. 여러분의 인생 여정에 위기와 기회가 조화와 균형을 이루기를 진심으로 기원합니다.

──────── | 참고도서 | ────────

『경쟁의 법칙, 손자병법』, 시그마북스, 저자 모리야 야쓰시, 역자 하진수, 2018

『퍼펙트 타이밍, 시간을 지배하는 자가 이긴다』, 아템포, 저자 스튜어트 앨버트, 역자 유지훈, 감수 최성락, 2014

『조심』, 김영사, 저자 정민, 2014

『상대적이며 절대적인 지식의 백과사전』, 열린책들, 저자 베르나르 베르베르, 역자 이세욱 임호경 전미연, 2021

『자기관리 손자병법(실천편)』, 인디북, 저자 후타미 미치오, 역자 최은미, 2002

『노자처럼 이끌고 공자처럼 행하라, 노자 무위 공자 유위』, 한스미디어, 저자 후웨이홍, 왕따하이, 역자 최인애, 2011

『한비자 리더십』, 평단, 저자 임재성, 2020

『승자의 공부』, 흐름출판사, 저자 유필화, 2017

『만만한 손자병법』, 세종서적, 저자 노병천, 2012

『한비자 관계의 기술』, 휴머니스트, 저자 김원중, 2017

『서른, 노자를 배워야 할 시간』, 미래북, 저자 둥리즈, 역자 박미진, 2017

『노자의 도덕경』, 내일을 여는 책, 저자 김정봉, 2018

『경영사서』, 민음인, 저자 김원중, 2013

『정관정요』, 글항아리, 저자 오긍, 2017